体育赋能乡村振兴：
理论机制与推进路径

张中民 / 著

武汉理工大学出版社
·武 汉·

内 容 提 要

本书主要对体育赋能乡村振兴的理论机制与推进路径展开研究，首先通过绪论说明本书的研究背景与基本概况，其次在理论方面解读乡村振兴战略，着重分析体育赋能与服务乡村振兴的重要价值、理论机制和主要条件，最后重点从乡村全民健身、乡村体育教育、乡村体育产业等方面探索体育赋能乡村振兴的实践路径，全面推进乡村振兴战略实施，助力乡村振兴进程加快。本书紧扣主题，结构完整，内容丰富，理论与实践有机结合，能够为促进农村体育的可持续健康发展做出贡献，并充分发挥体育的价值与功能来加快乡村振兴战略的顺利实施。

图书在版编目（CIP）数据

体育赋能乡村振兴：理论机制与推进路径 / 张中民著. -- 武汉：武汉理工大学出版社，2024.9. -- ISBN 978-7-5629-7249-5

Ⅰ.F320.3

中国国家版本馆CIP数据核字第2024WJ6666号

责任编辑：尹珊珊
责任校对：严　曾　　　排　版：米　乐
出版发行：武汉理工大学出版社
社　　址：武汉市洪山区珞狮路122号
邮　　编：430070
网　　址：http://www.wutp.com.cn
经　　销：各地新华书店
印　　刷：北京亚吉飞数码科技有限公司
开　　本：710×1000　1/16
印　　张：13.75
字　　数：216千字
版　　次：2025年3月第1版
印　　次：2025年3月第1次印刷
定　　价：96.00元

凡购本书，如有缺页、倒页、脱页等印装质量问题，请向出版社发行部调换。
本社购书热线电话：027-87391631　87664138　87523148

·版权所有，盗版必究·

前　言

中国共产党第十九次全国代表大会首次提出实施乡村振兴战略，将其定位为全面建设社会主义现代化国家的全局性、历史性任务，并将其作为新时代"三农"工作的新方向。随后，第二十次全国代表大会进一步提出全面推进乡村振兴，凸显了乡村振兴在国家发展大局中的重要位置。习近平总书记对此战略高度重视，多次强调乡村振兴对于中华民族伟大复兴的意义，指出必须明确"建设怎样的乡村"和"怎样建设乡村"的核心问题，通过努力探索乡村振兴的路径，以实现农业强、农村美、农民富的愿景。乡村振兴战略的实施，旨在通过一系列综合性措施，提升农村经济社会发展水平，提高农民生活质量，促进乡村全面振兴。在这个过程中，体育被赋予了重要使命，它不仅是提高农民身体素质和生活质量的有效手段，也是促进乡村文化繁荣、社会和谐的重要载体。2022年，农业农村部、体育总局、国家乡村振兴局联合发布的《关于推进"十四五"农民体育高质量发展的指导意见》明确了农民体育工作的新目标和要求，为体育助力乡村振兴提供了政策指引和机遇。"体育强则中国强，国运兴则体育兴。"乡村振兴战略的实施，既是实现国家强盛的具体举措，也是实现广大农村群众生活幸福的有效途径。它不仅离不开广大农民的积极参与，也离不开农民体质的增强和农民体育事业的高质量发展。以体育助力乡村振兴，要遵循科学的作用机理，也要探索多元化的创新路径，从理论与实践两方面努力。基于此，作者在查阅大量相关著作文献的基础上，精心撰写了本书。

本书共七章，第一章是绪论，主要对本书研究的背景、目的与意义、内容与方法以及国内外相关研究现状进行分析。第二章是乡村振兴战略理论基础探究，从基础理论层面阐释与分析乡村振兴战略，以全面了解乡村振兴战略提出的背景、科学内涵、时代意义以及实施路径。第三章是体育赋能乡村振兴的价值体现，指出体育是乡村振兴的新引擎，是巩固乡村脱贫攻坚成果的重要方式，是助力乡村振兴的主要抓手。第四章是体育赋能乡村振兴的理论机制与条件分析，具体包括体育赋能乡村振兴的理论逻辑、动力供给、制度条件、经济条件，并客观描述了新时期体育赋能乡村振兴面临的重要机遇与现实挑战。通过该研究，以充分了解体育助力乡村振兴的重要作用机理，为体育成功助力乡村振兴提供良好的条件与全面的保障，并在机遇与挑战并存的情况下利用好一切有利条件为体育助力乡村振兴扫除障碍，使体育在乡村振兴中的价值得以充分发挥。第五章至第七章从三个方面对农村体育赋能乡村振兴的实践路径进行探索，分别是农民体育健身路径、农村体育教育路径以及农村体育产业路径。旨在通过农民体育健身，奠定"生活富裕"的重要基础；通过农村体育教育的普及与发展，促进"乡风文明"建设；通过体育产业的发展，促进"产业兴旺"。

总体而言，本书紧抓乡村振兴战略的"东风"，紧扣新时代乡村发展的主题，围绕体育赋能乡村振兴的理论机制与实践路径展开研究，具体对体育赋能乡村振兴的战略定位、价值作用、主要条件、机遇与挑战以及实践路径等进行了系统深入的探究与论述，从而深刻认识、全面理解、准确把握体育赋能乡村振兴所面临的理论及实践问题，以更有力的举措汇聚更强大的力量，促进农村体育事业繁荣发展，争取早日实现乡村振兴的战略目标。整体上，本书主题鲜明，结构合理，层次清晰，内容丰富，具有突出的时代性、学术性和实用性特征。希望本书能够为体育赋能乡村振兴提供一个全新的视角，从体育功能与体育价值的角度为乡村振兴贡献一份力量，抓住机遇促进我国农村体育事业的发展壮大，进而实现乡村振兴战略目标。

本书在撰写过程中参考并借鉴了很多专家、学者的研究成果，在此表示诚挚的感谢。由于作者水平有限，书中难免有不妥与疏漏之处，敬请广大读者批评指正。

中国农业大学　张中民

2024年6月

目 录

第一章 绪 论   1
    第一节   体育赋能乡村振兴的研究背景   2
    第二节   体育赋能乡村振兴研究的目的与意义   5
    第三节   体育赋能乡村振兴研究的内容与方法   6
    第四节   国内外体育赋能乡村振兴的研究现状   9

第二章 乡村振兴战略理论基础探究   19
    第一节   乡村振兴战略背景分析   20
    第二节   乡村振兴战略的科学内涵   26
    第三节   乡村振兴战略的时代意义   30
    第四节   乡村振兴战略的实施路径   37

第三章 体育赋能乡村振兴的价值体现   51
    第一节   体育：乡村振兴的新引擎   52
    第二节   体育巩固乡村脱贫攻坚成果的价值审视   59
    第三节   体育助力乡村振兴的重要价值体现   64

第四章 体育赋能乡村振兴的理论机制与条件分析   71
    第一节   体育赋能乡村振兴的理论逻辑   72
    第二节   体育赋能乡村振兴的动力供给   76

第三节　体育赋能乡村振兴的制度条件　　87
  第四节　体育赋能乡村振兴的经济条件　　91
  第五节　体育赋能乡村振兴的机遇与挑战　　94

第五章　农民体育健身赋能乡村振兴的路径　　101
  第一节　农民体育健身推动乡村振兴的功能定位　　102
  第二节　农民体育健身现状　　107
  第三节　农民体育健身工程建设　　110
  第四节　农民体育健身公共服务体系建设　　117
  第五节　乡村振兴战略下农民体育健身发展研究　　126
  第六节　农民体育健身项目指导　　134
  第七节　农民体育健身赋能乡村振兴的案例分析　　145

第六章　体育教育赋能乡村振兴的路径　　151
  第一节　体育教育助力乡村教育振兴的时代机遇　　152
  第二节　学校体育教育对农民体育意识的影响　　154
  第三节　农民体育文化教育与体育意识培养　　156
  第四节　乡村学校体育教育的发展策略　　164
  第五节　以高等体育教育服务农民体育发展的思考　　171

第七章　体育产业赋能乡村振兴的路径　　179
  第一节　体育产业高质量发展服务乡村振兴的价值体现　　180
  第二节　农村体育休闲健身产业发展　　182
  第三节　农村体育旅游产业发展　　188
  第四节　农村体育康养产业发展　　193
  第五节　农村体育特色小镇产业集群发展　　197

参考文献　　204

第一章

绪 论

  自新世纪伊始,中国在快速推进工业化与城镇化的浪潮中,"三农"问题逐渐浮出水面,成为阻碍全面建设小康社会的主要因素。鉴于此,国家在党的十九大报告中明确提出"乡村振兴"战略,标志着乡村发展进入了崭新的历史阶段。自党的十九大以来,农村体育事业取得了长足的进步,体育已成为乡村振兴战略中不可或缺的重要组成部分,对于推动体育强国的建设以及加速乡村振兴战略的实施发挥着关键作用。本书主要对体育赋能乡村振兴的理论机制与实践路径进行研究,本章是对本书研究的背景、目的与意义、内容与方法以及国内外相关研究现状进行分析。

第一节　体育赋能乡村振兴的研究背景

一、乡村振兴战略的提出使乡村发展进入快车道

乡村振兴战略，这一由党的十九大所提出的重大决策，承载着我国全面建成小康社会的历史使命，是应对新时代社会主要矛盾、达成"两个一百年"奋斗目标，以及铸就中华民族伟大复兴中国梦的必要路径。体育强国的建设，作为国家战略，其影响深远，不仅关乎民众的身心健康，还与生态环境的改善、经济的增长、文化的兴盛紧密相连，扮演着不可替代的角色。将体育事业融入乡村，旨在弥补乡村发展的不足，加速乡村振兴战略的推进，提升其整体效能，这已成为乡村振兴蓝图中的一抹亮色。体育强国与乡村振兴两大战略相得益彰，二者具有高度的协同效应。

自2018年以来，国家高度重视乡村的全面振兴，出台了一系列指导性文件，旨在推动农村地区的经济、文化全面发展。2018年2月发布的《中共中央国务院关于实施乡村振兴战略的意见》明确提出了发展休闲农业和乡村旅游精品工程，包括创建休闲观光园区、森林人家、康养基地、乡村民宿和特色小镇，同时鼓励共享经济、创意农业和特色文化产业的发展。这一系列举措旨在促进农村多元化发展，提升农民收入水平，改善乡村环境，实现乡风文明和生态宜居。2019年国务院发布的《关于促进乡村产业振兴的指导意见》聚焦于建设美丽休闲乡村、乡村旅游重点村和休闲农业示范县，旨在通过特色小镇的产业基础强化、要素集聚和业态创新，带动周边地区的产业发展。同年，《体育强国建设纲要》强调了体育在国家现代化进程中举足轻重的地位，提出将体育建设成为中华民族伟大复兴的标志性事业。在此背景下，乡村振兴战略同样重视体育发展，通过加强公共体育设施建设，建设特色体育小镇、体育康养基地和体育旅游线路，举办具有地域特色的体育赛事，推动乡村振兴战略的实施，提升乡村居民的生活质量和幸福感。

二、体育赋能乡村振兴是解决"新三农"问题的现实需要

社会治理失衡以及社会道德滑坡等问题的出现,使城镇化和工业化的必要性受到了质疑。其中,农村空心化、农业边缘化和农民老龄化现象尤为突出,成为当下热议的"新三农"问题。农村劳动力的大量外流导致了村落的空置和衰败,破旧的房屋与无人耕作的土地成为了乡村的常见景象。年轻劳动力的缺失迫使留守的老人、儿童和妇女承担起家庭与农田的责任,农业生产效率低下,土地撂荒现象严重,农业的可持续发展受到威胁。此外,农村产业的薄弱使得农产品难以在市场上竞争,环境污染加剧了城乡差距,资源和人才持续单向流入城市,造成了农村发展的滞后。

面对"新三农"问题,国家采取了一系列措施,其中利用体育助力乡村振兴被视为一项创新策略。体育不仅可以增强农民的体质,提升生活质量,还能促进农村经济的多元化发展。通过举办各类体育赛事,可以吸引外界关注,拉动旅游、餐饮、住宿等相关行业的发展,为农村经济带来活力。体育产业的发展还能创造就业机会,吸引年轻人回流,缓解农村老龄化问题。此外,体育活动有助于增强社区凝聚力,重建乡村文化,为农村注入新的生机与活力。体育教育也能提升农民的整体素养,培养新一代农民对现代农业技术的认识和应用能力,从而提高农业生产效率,促进农业现代化。

三、农村体育事业不断发展,体育促进乡村振兴具有了可行性

当前,中国社会的主要矛盾在农村表现得尤为突出,农村体育事业的发展不仅是实现全民健身、建设健康中国的重要环节,更是乡村振兴战略中不可或缺的驱动力。近年来,得益于国家政策的大力扶持与社会各界的通力合作,农村体育呈现出蓬勃发展的态势,体育产业、群众体育活动与赛事组织

等方面取得了显著进展。在全民健身与乡村振兴战略的双重加持下，农村体育事业迎来了前所未有的发展机遇。一方面，体育基础设施的建设得到了前所未有的重视，乡镇级的全民健身中心、广场及多功能运动场地的建设，极大地改善了农村体育活动的硬件条件；另一方面，体育组织体系的建立与完善，促进了体育活动的规范化与专业化，使得更多农民能够参与到体育锻炼中，享受运动带来的乐趣。

乡村体育的振兴，作为建设健康中国的基石，对于全面提升中华民族的健康素质、实现全民健康目标至关重要。通过积极推广全民健身活动，不仅能够有效增强国民体质，还能促进社会和谐与进步，是实现健康中国愿景的核心路径之一。特别是在农村地区，体育事业的发展直接关系到农民的生活品质和身体健康，是乡村振兴战略的重要支撑点。农村体育现代化，作为农业农村现代化不可或缺的一部分，承载着农业强、农村美、农民富的美好愿景。它不仅是提高农民生活质量、增强体质的直接手段，也是推动农村经济社会全面发展的重要引擎。因此，我国必须将乡村体育置于优先发展的位置，致力于完善体育基础设施，提升公共体育服务水平，积极营造体育健身文化氛围，让体育成为乡村生活的常态。与经济、文化、教育等领域一样，体育在乡村振兴中扮演着至关重要的角色。它不仅能促进农民身心健康，还能激发乡村活力，带动相关产业发展，是推动农村产业结构优化升级的催化剂，是提升农民生活水平的有力抓手。从体育发展的视角审视，其综合效益远超单一领域的范畴，展现出了全方位、多层次的价值，能够为推动体育强国建设和乡村振兴战略的实施贡献独特力量。

结合上述背景来看，体育在乡村振兴中的作用和潜力是显而易见的，但学术界对于体育与乡村振兴之间关联性的研究仍处于起步阶段，多数研究倾向于独立探讨体育或乡村振兴各自的议题，而较少从两者相互作用的视角出发进行深入的交叉学科探索。这表明，尽管实践中体育已被视为推动乡村振兴的关键因素之一，但在理论层面，如何系统性地将体育融入乡村振兴战略，以及体育如何在乡村振兴的不同阶段发挥其独特作用，仍有待进一步的研究和论证。

第二节　体育赋能乡村振兴研究的目的与意义

一、研究目的

2017年10月18日，习近平总书记在中共十九大报告中提出乡村振兴战略，深刻指出了农村、农业和农民（"三农"）问题对于国家民生和经济发展的重要性。这一战略的实施，要求我们必须认识到农村体育治理现代化对于提升国家体育事业发展水平和农村人口健康水平的深远意义。在时代发展的大背景下，推进农村体育治理现代化不仅能够促进体育事业的均衡发展，而且是增强农民体质、丰富农民精神文化生活、促进乡村全面振兴的必由之路。本书致力于通过对现有文献资料的整理与分析，深入探讨体育与乡村振兴之间的内在联系，系统分析体育在乡村振兴中的使命与责任，通过研究体育助力乡村振兴的理论机制与实践路径，调查分析体育特色村的典型成功案例，探索如何依托体育促进乡村经济社会发展，使农村摆脱贫困，走向富裕之路。通过研究，我们将提炼出乡村体育发展的科学理论与创新路径，为乡村体育的发展、乡村振兴战略的实施提供可靠的借鉴与宝贵的经验。

二、研究意义

（一）理论意义

乡村振兴与农村体育的发展是当前中国学术研究领域的热点，尤其是在国家将"三农"问题提升至国家战略层面，乡村振兴战略被赋予了前所未有的重要地位的背景下，如何通过创新提升农村体育发展水平，加快农村体育事业发展，已成为亟待解决的核心问题。然而，尽管农村体育与乡村振兴的相关研究日益增多,但深入探讨二者间相互作用机制,特别是农村体育如何有效助力乡村振兴的研究尚显不足,这表明在理论构建与实践指导方面,学术界尚未形成一套完整且系统的分析框架。本研究能够填补这一学术空白,为后续关于农村体育的研究提供新的分析框架和独特的研究视角,使该领域的研究范围得到拓展,研究深度得到增加。此外,本研究也能够为分析"三农"问题提供体育学层面的思路,使学界关于农村发展问题的研究思路更加丰富、开阔。

(二)现实意义

本书聚焦于乡村的实际情况,紧密结合实施乡村振兴战略的现实需求,围绕"产业兴旺、生态宜居、乡风文明、治理有效、生活富裕"的主要目标,深入探讨体育作为关键驱动力赋能乡村振兴的多元路径。通过系统梳理与分析,本书提出一系列具有实用性和前瞻性的建议,旨在推动体育与乡村振兴的深度融合,为乡村的全面振兴开辟新道路。具体而言,本书将体育视为乡村振兴的有力抓手,深入探讨体育的潜力与价值,思考如何挖掘体育发展潜力,通过体育健身、体育教育、体育产业等形式促使人们将体育外化于行、内化于心,从而加快乡村振兴进程。

第三节 体育赋能乡村振兴研究的内容与方法

一、研究内容

本书主要从理论机制与实践路径两方面对体育赋能乡村振兴展开研究。首先,本书从基础理论层面阐释与分析乡村振兴战略,以全面了解乡村振兴战略的提出背景、科学内涵、时代意义以及实施路径。

其次,本书着重探讨体育赋能乡村振兴的重要价值,指出体育是乡村振兴的新引擎,是巩固乡村脱贫攻坚成果的重要方式,是助力乡村振兴的主要抓手。

再次,本书在科学解读乡村振兴战略、深入分析体育对乡村振兴的价值意义之后,接着又对体育赋能乡村振兴的理论机制与条件进行深入分析,具体包括体育赋能乡村振兴的理论逻辑、动力供给、制度条件、经济条件,并客观描述了新时期体育赋能乡村振兴面临的重要机遇与现实挑战。通过该研究,能够充分了解体育助力乡村振兴的重要机理,为体育成功助力乡村振兴提供良好的条件与全面的保障,并在机遇与挑战并存的新时期利用好一切有利条件为体育助力乡村振兴扫除障碍,使体育在乡村振兴中的价值得以充分发挥。

最后,本书从三个方面对农村体育赋能乡村振兴的实践路径进行探索,分别是农民体育健身路径、农村体育教育路径以及农村体育产业路径。通过农民体育健身,能够提升乡村居民的身体素质,倡导健康生活方式,增强农民的幸福感和获得感,这是实现"生活富裕"的重要基础;通过农村体育教育的普及与发展,不仅能够培养青少年的兴趣爱好,提升他们的综合素质,还能够通过体育精神的熏陶,促进"乡风文明"的建设,营造积极向上的乡村社会氛围;通过体育产业的发展,如体育休闲健身产业、体育旅游产业、体育康养产业、体育特色小镇产业等,能够激活乡村经济,促进"产业兴旺",并为农民创造更多就业机会,提高收入水平。

二、研究方法

(一)文献资料法

本书在撰写过程中,以农村体育、乡村振兴为关键词,利用中国知网期刊全文数据库、中国博士学位论文全文数据库、中国优秀硕士论文全文数据库、中国重要学术会议论文数据库以及中国知网外文数据库、中国重要报纸数据库等平台搜索、收集和筛选了众多相关文献。此外，在撰写过程中阅读党的十八大以来颁布的关于国家改革和发展的各种政策文件以及体育领域的政策文件，如《全民健身计划（2021—2025年）》《体育强国建设纲要》《"健康中国2030年"规划纲要》等。通过阅读分析，确立本书的研究主题，为构建选题理论框架提供依据，部分文献也成为支撑选题论点的重要论据。

（二）逻辑分析法

本书在撰写过程中归纳整理了相关实体资料、网络资料，结合乡村体育、乡村振兴的发展（实施）背景、发展（实施）现状、发展（实施）优势等因素进行逻辑性分析，借助乡村振兴战略、城乡融合发展、产业协同发展等理论，总结出体育赋能乡村振兴的有效路径，为全国各地通过发展农村体育来助力乡村振兴提供借鉴与参考。

（三）个案研究法

本书在"农民体育健身赋能乡村振兴的路径"这一研究中，以贵州"村BA""村超"、江苏沛县"村界杯"为例进行分析，主要是因为这些农村体育赛事成功出圈，火爆全网，并切实带动了当地经济与文化的发展，极大地推动了乡村振兴。通过个案研究，结合当地实际总结成功经验，并为其他乡村体育的发展提供借鉴和启发。

第四节　国内外体育赋能乡村振兴的研究现状

一、国内研究现状

（一）农村体育与乡村振兴互动的研究

杨桦认为，体育在乡村振兴中扮演着不可或缺的角色，尤其是农村体育的发展，已成为推进健康中国和体育强国建设的重要组成部分。坚持人民至上，农民主体的农村体育发展观，与乡村振兴战略同向同行，是实现乡村产业繁荣、环境优美、文明风尚、高效治理、百姓富足目标的关键。在城乡一体化进程中，持续推动农村体育发展，不仅能够促进乡村振兴，还能反过来激发农村体育的活力，形成乡村振兴与农村体育相互促进、共同发展的良性循环。[①]

蒋晖和陈德旭认为，乡村振兴为农村体育开辟了广阔前景，同时，农村体育亦能反哺乡村发展，助推产业繁荣、生态和谐、文明进步与治理高效。[②]

刘波军提出，乡村振兴战略的推进，为农村体育经济的增长播下了种子，有望推动农村小规模体育用品制造业、健身休闲服务业、赛事表演业的兴起，孕育出独具特色的体育经济形态。[③]

郁彦妮认为，乡村振兴战略的实施为农村体育事业开启了新的篇章，不

[①] 杨桦.乡村振兴中农村体育发展的机遇、问题与策略[J].成都体育学院学报，2022，48（05）：8–14.

[②] 蒋晖，陈德旭.新时代中国农村体育发展的战略定位及转型向度[J].体育学研究，2021，35（06）：84–90.

[③] 刘波军.乡村振兴战略下发展农村体育经济的价值、困境与优化路径[J].农业经济，2021（07）：110–112.

仅加速了现代生活方式的融入，促进了体育人口的增长，还推动了乡村体育设施的全面升级。农村体育事业的兴盛，反过来对乡村振兴产生了深远影响，它优化了农村产业结构，提升了农民消费能力，营造了生态宜居的乡村环境，并引领了健康向上的生活方式。[①]

郭子瑜、陈刚认为，乡村振兴涉及农村多方面的振兴，其中包括农村体育的振兴，农村体育的振兴又成为乡村振兴的重要推动力。[②]

从上述观点来看，学者们普遍认为乡村振兴与农村体育的发展是相辅相成的，前者为后者提供契机，后者促进前者的发展。

（二）体育组织助力乡村振兴的研究

实施乡村振兴战略时，基层社会组织的协同作用不可或缺。特别是培育和壮大服务于农村体育发展、深受民众喜爱的基层体育社会组织，成为了构建现代乡村社会治理体系，书写乡村全面振兴新篇章的关键一环。这类基层体育社会组织由基层群众自发成立，活跃在乡村一线，是推动农村体育事业繁荣、促进乡村文化振兴的重要载体。陈丛刊分析提出，发挥基层体育组织在乡村振兴中的作用，是当前工作的重要方向。这不仅能够促进乡村体育事业的发展，还能提升农民健康水平，丰富乡村文化生活。从外部看，需要政府提供政策和资金支持，优化体育设施布局，为基层体育组织创造良好环境。从内部看，基层体育组织应加强自身建设，提高组织能力和管理水平，吸引更多村民参与体育活动。在协同层面，基层体育组织应加强与学校、企业、社区等各方面的合作，形成合力，共同推动乡村体育事业的发展，为乡村振兴贡献力量。[③]为了有效推进乡村振兴，必须将促进基层体育社会组织的成长作为重要抓手，从政策与法律的高度为其提供坚实保障。政府应将基

---

① 郁彦妮.乡村振兴战略下农村体育发展的路径研究[J].浙江体育科学，2021，43（03）：40-44.
② 郭子瑜，陈刚.体育助力乡村振兴战略：逻辑前提、价值意蕴与推进路径[J].体育文化导刊，2022，245（11）：1-7+21.
③ 陈丛刊.推进乡村振兴战略：基层体育社会组织何以可能?何以可为?[J].河北体育学院学报，2021，35（03）：22-28.

层体育社会组织的培育与发展置于优先位置，制订科学规划，同时加大财政与政策的支持力度，优化服务机制，以确保这些组织健康、持续地发展壮大。唯有如此，方能为乡村振兴战略的实施奠定坚实的制度基础。

在农村社区体育组织体系中，采用垂直管理模式，自上而下依次为县、乡镇及村三个层级，其中村级组织作为最贴近农民的基层单位，扮演着连接农民与体育活动的关键纽带角色。然而，现实中不少地方政府过于侧重经济建设，为节省开支，往往将县级文化局与体育局合并，形成文体局或文体旅游局，这一举措在一定程度上削弱了体育职能的有效发挥。另外，乡镇文化站本应承担起开展农村体育活动的责任，但遗憾的是，这些组织普遍存在机构不完善、人员配置不足甚至处于半瘫痪状态等问题，这无疑对全省农村体育事业的全面进步构成了重大阻碍。钟亿群在对湖南省农村体育组织的研究中，提出在推动湖南农村社区体育事业发展的进程中，应坚持政府引领，依托政府的政策支持，构建一套全面且高效的省级乡村体育发展保障机制与管理体系，以此确保农村文体事业的稳步前行与持久繁荣。在具体操作层面，以村庄为基本单元，大力发挥乡镇企事业单位、体育社团及学校等多元主体的作用。[1]

（三）体育产业助力乡村振兴的研究

近年来，农村体育产业助力乡村振兴也是体育赋能乡村振兴研究中的一个热门方向。

后红玉在乡村振兴战略背景下指出，要立足创新之基，充分挖掘地方特色资源，因势利导，探索"体育+"多元化融合发展模式，如体育与企业联姻、体育文化节庆、体育与中药材产业结合、体教深度融合等，皆为创新之举。秉持协调发展理念，以绿色生态为导向，精准施策，赋能农村经济转型

---

[1] 钟亿群.湖南小城镇建设与农村社区体育组织管理研究[J].体育成人教育学刊，2011，27（01）：53-54.

升级，从而激发区域经济活力，实现高质量发展。①

谭静认为，推动乡村体育事业的发展，不仅是提升乡村精神文明建设水平的关键举措，亦是解决农村剩余劳动力与非农业人口就业难题的有效途径。优先发展体育产业，不仅能够催生新的经济增长点，带动农村经济的全面繁荣，而且与绿色发展理念相辅相成，能够促进环境友好型社会的构建。加强城乡体育基础设施均衡布局，尤其是充分利用志愿团体、非营利组织等社会资源，积极推动农村体育文化的普及和体育活动的开展，对于提升农村基层体育服务质量，实现其高质量发展具有至关重要的意义。②

（四）体育旅游助力乡村振兴的相关研究

近几年有较多关于体育旅游促进乡村振兴的研究成果，代表性观点如下。

方汪凡、王家宏认为，乡村体育旅游的蓬勃兴起，不仅极大地丰富了农民的物质生活，为他们创造了更多就近就业的机会，还悄然改变着人们的生活方式。体育运动的推广，不仅提升了村民的身体素质，更促进了精神生活的富足，引导村民们养成健康的生活习惯，营造出浓厚的乡村体育文化氛围。它激发了村民对美好生活的向往，提升了他们的社会适应能力。通过组织各类体育旅游活动，农民被鼓励积极参与到乡村治理中来，这不仅增进了村民间的相互了解与联系，还显著增强了社区的凝聚力，为农民的幸福生活提供了坚实保障，有力推动了农村社会的和谐稳定。③

王石峰和夏江涛立足于体育旅游推动乡村振兴的独特视角，提出构建五类融合模式，即体育民俗节庆、体育赛事活动、体育健身休闲、体育康养和红色体育，旨在将这些元素巧妙融入体育旅游之中。通过深入挖掘和整合体育核心资源，致力于满足不同消费群体的多样化需求，促使农村体育旅游更

---

① 后红玉.乡村振兴战略背景下定西市体育精准扶贫路径研究[D].兰州：兰州理工大学，2020：6.
② 谭静.新发展理念下我国乡村体育高质量发展方向与途径分析[J].山西农经，2021（16）：174-175.
③ 方汪凡，王家宏.体育旅游助力乡村振兴战略的价值及实现路径[J].体育文化导刊，2019（04）：12-17.

加紧密地嵌入旅游产业链条，为整个旅游行业的发展提供参考。与此同时，政府和企业应从全局出发，精心规划，优化产业布局，提升管理效率，加快体育旅游综合体的建设，以及注重专业人才的培养。通过这些综合性策略，更好地发挥体育旅游的潜在价值，为乡村振兴开辟一条崭新的道路。①

钟丽萍、刘建武基于酒埠江旅游风景区的个案分析，指出体育旅游的开发如同一把金钥匙，不仅解锁了乡村住宿、餐饮、交通、通讯和体育设施建设的全新发展篇章，更推动了乡村产业结构的升级与转型优化。它拓宽了乡村经济的增长路径，创造了丰富的就业机会。②

吕品基于对南阳市的调查，提出运动休闲特色小镇的建设加速了体育康复产业的崛起，推动了体育与旅游、养生、医疗等领域的跨界融合。定期举办农民体育活动，促进了邻里间的互动交流，营造了和谐共处的乡村氛围，无形中提升了农村发展的软实力。社会体育指导员的角色不可或缺，他们引导村民科学健身，倡导健康的生活方式，为乡村治理现代化贡献力量。③

（五）全民健身助力乡村振兴的相关研究

全民健身在乡村振兴中的功能与作用也是很多学者比较热衷研究的一个方向。

田凤琴等认为，全民健身在乡村振兴中的功能作用主要体现在五个方面。第一，它承载着民族民间体育传承与创新的使命，通过体育活动激发民众对本土文化的认同感，进而促进乡村治理现代化。第二，全民健身有助于培育体育领域的新乡贤，这些人通过自己的影响力，促进乡风文明的建设和传播，改善乡村社会的整体风貌。第三，广泛的文体活动不仅丰富了村民的

---

① 王石峰,夏江涛.体育旅游助力乡村振兴的逻辑理路、模式选择与推进思路[J].体育文化导刊,2022,245（11）：8-14.
② 钟丽萍,刘建武.发展体育旅游助力乡村振兴——基于酒埠江旅游风景区的个案分析[J].湖北体育科技,2019,38（06）：502-505.
③ 吕品.体育促进南阳市乡村振兴的路径及策略研究[J].文体用品与科技,2020（02）：29-30.

精神文化生活，还直接促进了村民的身心健康，提高了生活质量。第四，全民健身倡导健康的生活方式，引导村民树立正确的消费观，推动消费结构优化。第五，全民健身与科技的结合，催生了多元化的业态创新，通过打造具有地方特色的体育产业品牌，实现了乡村经济的繁荣，为村民带来了实实在在的经济效益，助力人民生活富裕。[1]

李逸飞、周结友认为，全民健身活动在乡村振兴的进程中展现出多方面的积极效应。第一，它能够创造大量的就业机会；第二，推动了体育相关新业态的形成，如体育旅游、健康咨询、体育培训等；第三，提升了村民的身体素质，降低了疾病发生率；第四，提升了乡村养老服务的能力，促进了老年人的身心健康，丰富了他们的晚年生活；第五，丰富了乡村的文化生活，营造了积极向上的乡村文化氛围。[2]

向艳梅、周结友认为，全民健身运动的推广，不仅能够激发村民参与体育锻炼的热情，逐步养成规律运动的良好习惯，还能在此过程中渗透生态体育的理念。[3]

从上述观点来看，学者们普遍认为全民健身在乡村振兴中的功能主要体现在促进农民健康、推动农村文化繁荣、构建农村新业态等方面，这些功能与乡村振兴的总要求是契合的。

总的来说，现阶段我国学者对体育赋能乡村振兴的研究主要集中在体育产业、体育健身、体育旅游、体育组织等方面，大都从理论上提供建议和策略，缺少案例分析和实证研究。

---

[1] 田凤琴，周结友，彭文杰.全民健身在乡村振兴建设中的功能探究[J].安徽体育科技，2020，41（04）：58-61.

[2] 李逸飞，周结友.全民健身在乡村振兴中的功能及途径探究[J].福建体育科技，2020，39（05）：6-8+13.

[3] 向艳梅，周结友.新时代全民健身在乡村振兴中的功能探究[J].浙江体育科学，2021，43（01）：28-33.

二、国外研究现状

（一）农村体育的相关研究

在西方国家，农村体育活动被视为一种扎根于乡村社区的群众体育形式，它以当地农民为主要参与者，利用简便的体育设施或自然环境，开展一系列既符合地方特色又具有现代气息的体育项目。这些活动旨在促进身体健康、提供休闲娱乐方式、实施社会教育以及加强社区成员之间的联系。与中国的体育管理体制相比，欧美、日本等国家的体育体系展现出了不同的特点。它们的竞技体育和大众体育通常在市场化环境中运作，具备较强的透明度和自我调节能力。在农村体育方面，西方国家已经建立了相对成熟和系统的管理模式与运营机制，包括体育政策的制定、设施的建设和维护、活动的组织与推广等，这些都达到了一定的规模化和专业化水平。鉴于此，研究和借鉴西方国家在发展农村体育方面的成功经验，对于中国来说具有重要的意义。通过分析它们的体育政策、农村体育的现状以及成功案例，中国可以从中学习有益的做法。

国外诸多国家通过政策推动农村体育的发展，如Dmitry Verzilin等学者提出俄罗斯政府高度重视大众体育的普及，特别关注增加民众参与体育锻炼的时间，并且颁布了《到2030年前俄罗斯联邦体育运动发展战略》。[1] Skille专注于研究自发性群众体育组织在体育政策实施过程中的作用，强调这类组织在动员民众参与体育活动中的重要作用。[2] 学者Eivind对国家政策与自发性群

---

[1] Verzilin D., Rosenko S., Volkov P., &Enchenko, Grounding Informative Indicators Of Advance In Physical Education And Mass Sports.In N.I.Almazova, A.V.Rubtsova, &D.S. Bylieva（Eds.）, Professional Culture of the Specialist of the Future, vol 73.European Proceedings of Social and Behavioural Sciences（pp.870–880）[J/OL].Future Academy. https：//doi.org/10.15405/epsbs, 2019（12）：91.

[2] Skille, E.A.Analysis of the Implementation of Central Sport Policy through Local and Voluntary Sport Organizations[J].International Review for the Sociology of Sport, 2008, 43（02）：181–200.

众体育组织之间的关系进行了深入分析,指出挪威的体育政策由国家层面发起,但具体的实施工作却依赖于自发性群众体育组织以及其他相关机构的合作。[1]这表明,挪威的体育计划在制订与执行上形成了一个由国家引导、社会力量广泛参与的模式,体现了政府与民间组织在推动体育事业发展上的协同作用。这些研究和实践案例表明,通过政府制定政策与民间自发性组织的共同作用,能够有效推动农村体育的发展,提升国民的健康水平,同时促进社会的和谐与进步。各国的经验也为我们提供了宝贵的学习资源,有助于我国在制定和实施农村体育政策时,更好地借鉴国外成功经验。

各国政府不仅重视通过制定政策和目标来推动农村体育的发展,同时也深刻认识到体育设施的缺乏是影响农村社区居民参与体育活动的一个重要因素。在这方面,西班牙政府实施"体育设施计划"(Sports Facility Planning),目的是尝试改善生活区周边的体育设施条件,促进人们体育锻炼积极性的提升。周边运动环境的质量直接影响到人们的运动积极性,因此,改善体育设施条件不仅能够促进人们运动习惯的养成,还有助于降低疾病风险,提升生活质量。[2]美国公共体育服务的组织架构包括了社区体育俱乐部和各类社会组织,这些组织在场地设施的建设上遵循严格的人口标准,并且美国政府通过立法明确规定了体育设施的建设规范。在资金投入方面,美国采取政府与市场合作的模式,其中政府在体育基础设施的建设上发挥主导作用,而市场机制则发挥辅助作用,确保体育设施的建设和维护得以顺利进行。[3]

---

[1] Eivind A, Skille.State Sport Policy and Voluntary Sport Clubs: the Case of the Norwegian Sports City Program as Social Policy[J].European Sport Management Quarterly, 2009, 9 (01): 63-79.

[2] Leonor Gallardo, Pablo Burillo, Marta Garcia-Tascon, et al. The Ranking of the Regions With Regard to Their Sports Facilities to Improve Their Planning in Sport: The Case of Spain[J].Social Indicators Research, 2009, 12 (04): 297-317.

[3] YUE Jianjun.Research and enlightenment of the National Physical Activity Program in the United States[J].Chinese Sports Science and Technology, 2015 (02): 126-134.

（二）乡村建设的相关研究

在Web of Science、Google Scholar等外文数据库中检索"乡村振兴""乡村建设""乡村发展"等关键词，发现国外学界在"乡村发展""乡村建设"等领域做了大量的研究。

国外关于乡村建设的研究显示出政府、社会和市场组织在其中扮演着不同角色。学者们特别强调了非政府组织、社会企业和非营利组织在乡村建设中的重要性及其独特贡献。Forkuor D等认为，非政府组织在推动乡村可持续发展方面，特别是在乡村基础设施建设中起到了关键作用，它们能够有效地缩小城乡之间的发展鸿沟，通过其灵活性和针对性的工作，使乡村发生实质性的改变。[1]Olmedo L等则关注社会企业在乡村建设中的角色，她认为社会企业因具备社会关联性、社会创新性和能够平衡多方利益的特点，成为了乡村发展中的重要行动主体。社会企业的存在不仅促进了经济发展，还兼顾了社会公正和环境保护，是乡村发展内生动力的体现。[2]Eugenio C等通过研究发现，非营利组织在农村地区的开发中扮演着越来越重要的角色。[3]

国外关于乡村建设的研究涵盖了乡村政策、文化繁荣等维度。Sergei Shubin强调了俄罗斯乡村文化建设的重要性，主张在乡村建设中融入更多的文化元素和人文关怀，使乡村不仅拥有美丽的自然景观，还蕴含深厚的文化底蕴，使其发展更具有生命力和吸引力。[4]De Janvr A从政策制定的角度出发，强调制定合理有效的乡村政策是推动乡村建设的关键。他们运用制度经济学

---

[1] Forkuor D, Korah A.NGOs and sustainable rural development: experience from Upper West Region of Ghana[J].Environment, Development and Sustainability, 2022, 25（01）: 1–24.

[2] Olmedo L, O'Shaughnessy M.A Substantive View of Social Enterprises as Neo-endogenous Rural Development Actors[J].VOLUNTAS: International Journal of Voluntary and Nonprofit Organizations, 2022, 34（02）: 1–13.

[3] Eugenio C, Francisco N, Antonio J C, et al.The Third Sector: The "Other" Actors of Rural Development, Andalusia 2000–2015[J].Sustainability, 2021, 13（24）: 13976–13976.

[4] Sergei Shubin.The changing nature of rurality and rural studies in Russia[J].Journal of Rural Studies, 2006, 22（04）: 422–440.

和内生增长理论探讨乡村发展的路径,指出政策应当关注如何激发乡村内部的发展潜力,促进经济和社会的双重进步。[1]Nemes G则引入了系统分析的方法,对比了综合与非综合乡村建设策略的效果,认为乡村建设应采取自下而上的方式,即以地方需求和社区参与为导向,制定更为贴近实际、更具操作性的政策。这种地方启发式的政策制定方法强调了社区的主体性和主动性,有利于提升乡村建设的效率和可持续性。[2]

总的来说,国外学者主要从国家大环境出发对乡村建设的主体、视角及路径展开研究,而以体育运动为核心探讨乡村建设的研究比较少,因此这方面鲜有值得我国借鉴的研究成果。

---

[1] De Janvry A, Sadoulet E, Murgai R.Rural development and rural policy[J].Handbook of agricultural economics,2002(02):1593-1658.

[2] Nemes G.Integrated rural development-the concept and its operation[R].IEHAS Discussion Papers,2005.

第二章

乡村振兴战略理论基础探究

在党的十九大精神的引领下，乡村振兴战略被郑重提出，这一战略深刻揭示了农业、农村与农民问题对于国家经济和社会发展的基石作用。它明确指出，必须将"三农"问题置于全党工作的核心位置，这不仅是对习近平新时代中国特色社会主义思想中关于"三农"工作理念的生动诠释，也是指导当前及未来"三农"工作方向的纲领性原则。本章主要对乡村振兴战略的基础理论进行研究，内容主要包括乡村振兴战略背景分析、乡村振兴战略的科学内涵、乡村振兴战略的时代意义、乡村振兴战略的实施路径。

第一节　乡村振兴战略背景分析

一、乡村振兴战略的提出

习近平总书记在党的十九大报告中首次提出了乡村振兴战略，并在报告中强调其重要性，将其作为我国全面建成小康社会的重要战略。报告指出，农业、农村、农民问题是关系国计民生的根本性问题，必须始终把解决好"三农"问题作为全党工作的重中之重。按照产业兴旺、生态宜居、乡风文明、治理有效、生活富裕的总要求，建立健全城乡融合发展体制机制和政策体系，加快推进农业农村现代化。[1]

2023年，党和政府多次提到与强调乡村振兴，如2023年1月，《中共中央、国务院关于做好2023年全面推进乡村振兴重点工作的意见》发布，这是中央一号文件连续20年聚焦"三农"。2023年6月，《全国现代设施农业建设规划（2023—2030年）》发布，明确建设现代设施种植业、现代设施畜牧业、现代设施渔业、现代物流设施四方面重点任务，这是我国首部现代设施农业建设规划。2023年12月，中央农村工作会议召开。习近平总书记对"三农"工作作出重要指示，要求锚定建设农业强国目标，坚持农业农村优先发展，坚持城乡融合发展，有力有效推进乡村全面振兴，以加快农业农村现代化更好推进中国式现代化建设。

乡村振兴战略，作为我国农业农村发展战略的延续与升华，精准对接了新时代的社会需求与"三农"发展的内在诉求，展现出前瞻性和时代感。它深深植根于我国广大农民群众的心声与期盼之中，承载着亿万农民对美好生活的向往和追求。面对历史性的机遇与挑战，我们必须以敏锐的洞察力和坚定的决心，充分利用现有优势，把握时代脉搏，顺应时代潮流，凝心聚力，

---

[1] 张顺喜.扎实推进乡村振兴[M].北京：中国言实出版社，2019：27.

攻坚克难，积极探索适合我国国情的乡村振兴路径，共同书写新时代乡村振兴的辉煌篇章。

二、乡村振兴战略提出的背景

（一）实施乡村振兴战略是新时代我们党作出的庄严承诺

中国共产党在领导中国革命、建设和改革的过程中，始终将"三农"（农业、农村、农民）工作置于至关重要的位置，随着国家发展阶段的变化，"三农"工作的战略重点和政策导向也在适时调整和创新，以适应新的历史条件和现实需求。党的十六大首次明确提出统筹城乡经济社会发展，这是对长期以来城乡二元结构的一种突破性认识；党的十六届五中全会进一步细化了统筹城乡发展的具体路径，提出建设社会主义新农村；在此基础上，党的十七大提出建立以工促农、以城带乡的长效机制，以及形成城乡经济社会发展一体化的新格局；党的十八大进一步强调推动城乡发展一体化，这体现了更深层次的融合理念，即城乡之间不仅要在经济发展上相互促进，还要在社会管理、公共服务、生态环境保护等方面实现全面的协调和统一。进入新时代，党中央提出了乡村振兴战略，这是对上述发展理念的继承和发展，体现了中国共产党对"三农"问题的持续关注和深入思考，彰显了党对国家发展全局的战略把握能力和对人民根本利益的忠诚守护。

第一，实施乡村振兴战略，标志着新时代中国共产党对"三农"工作战略导向的深刻调整与现实承诺。自改革开放以来，我国经济社会实现了历史性跨越，国民生活水平显著提升，为步入新时代铺设了坚实道路。一方面，中国特色社会主义进入了新阶段，国家综合实力跃升至新高度，经济规模稳居全球第二，外贸总额、外汇储备、工业产值均领跑世界，农业产量如粮食、肉类、水产品等不仅位居全球之首，人均拥有量亦超越世界平均水平，为乡村振兴战略的推行奠定了雄厚的物质根基；另一方面，步入新时代，我国社会面临的主要矛盾已演化为人民对美好生活的向往与不平衡不充分发展之间的矛盾，其中城乡发展失衡、农村发展滞后尤为凸显，亟须进行战略导向的革新。为此，党中央明确提出了坚持农业农村优先发展的方针，将乡村振兴战略作为新时代"三农"工作的总揽和关键，致力于缩小城乡差距、提升农村发展质量，确保农业农村现代化与全面建设社会主义现代化国家同步推进。

第二，乡村振兴战略，作为我党对"两个一百年"奋斗目标的庄严承诺，其核心在于乡村的全面振兴，与实现中华民族伟大复兴及本世纪中叶建成社会主义现代化强国的愿景紧密相连。党的十九大明确了全面建设社会主义现代化国家的"两步走"战略安排，乡村振兴战略正是这一蓝图中的关键一环。2020年，我国已实现全面建成小康社会的历史性跨越，乡村振兴迈出坚实步伐，城乡融合的制度框架和政策体系初步构建。至2035年，我国将向着基本实现社会主义现代化的目标迈进，乡村振兴须取得实质突破，农业农村现代化步入快车道。2035年至2050年，我国将全面建成社会主义现代化强国，乡村全面振兴的美好图景将全面铺展，农业强盛、农村秀美、农民富裕将成为现实。乡村振兴不仅是解决"三农"问题的关键之举，更是关乎国计民生、社会主义现代化建设全局的重大任务。它对于实现中华民族伟大复兴、构建富强民主文明和谐美丽的社会主义现代化强国具有不可替代的作用，是新时代全党工作的重中之重，须举全党全国之力，持续深化乡村振兴战略实施，确保宏伟目标如期实现。

第三，乡村振兴战略，是我党对"三农"工作全方位、系统性、长期性承诺的集中体现。它横跨农村经济、政治、文化、社会、生态文明及党的建设等多个领域，是一项内容广泛、影响深远的综合性工程。在目标任务上，乡村振兴战略以"产业兴旺、生态宜居、乡风文明、治理有效、生活富裕"为核心，这20字方针不仅体现了对生产、生活、生态的全面考量，更是"五位一体"总体布局在乡村实践中的具体落实。各要素间相互依存、协同推进，构成了一幅乡村全面振兴的立体画卷。在实施路径上，乡村振兴战略倡导产业、人才、文化、生态、组织"五大振兴"，并明确了城乡融合、共同富裕、质量兴农、绿色发展、文化兴盛、乡村善治及中国特色减贫七大特色路径。这一系列目标清晰、任务具体的策略，旨在全方位推进农业农村现代化，确保乡村振兴战略的全面实施。

第四，实施乡村振兴战略是我们党对"三农"问题的解决方案的承诺。迈入21世纪，我国虽借力城乡互动、工农互补，有效遏制了城乡差距的无限扩大，但二元结构问题依旧顽固，制约着农业农村的全面发展。尤其是农村现代化步伐滞后于城市，导致一系列诸如人口老龄化、基础设施老化、发展潜力减弱等问题日益凸显。乡村振兴战略的革命性意义在于，它突破了传统工业化、城镇化主导的发展框架，重新定义了"三农"的角色与价值。这一战略不再局限于农业现代化的单一维度，而是升级至农业农村现代化的双轨目标，将视野从农业拓展至农民和农村，确保乡村与城镇享有平等的发展机会。通过乡村振兴，我国致力于构建城乡、工农深度融合的新格局，从根本上破解长期存在的城乡二元体制难题。乡村振兴战略的实施，是对城乡关系的一次根本性调整，它旨在消除城乡发展不均衡，实现资源合理配置，促进社会公平正义。我们有理由相信，当乡村振兴战略全面开花之际，也正是我国成功化解城乡二元体制机制矛盾之时。

（二）农业、农村依然是我国实现"两个一百年"奋斗目标的主要薄弱环节

城乡发展之间的巨大鸿沟是我国面临的最突出的不协调问题之一，这直接反映了经济社会发展的不平衡状态，其中，农业与农村领域的相对落后已成为制约社会整体进步的主要短板。

第一，在国际市场上，农业基础竞争力稍显疲软。由于国际农产品市场的不确定性日益加剧，加之发达国家设置的贸易壁垒，我国农产品在国际舞台上遭受了严重的冲击。一方面，农产品成本持续攀升，给出口带来了不小的压力；另一方面，农产品供给结构出现了失衡现象，影响了在国际市场上的竞争力。

第二，农业供给质量和效益有待提高。我国农业正逐步跨越农产品总量短缺的历史阶段，但新的挑战随之而来：农产品供给在相对过剩与短缺之间波动，而消费者需求日趋个性化、多元化，呼唤着农业结构的深度调整。在此背景下，提升农业供给的质量与效率成为当务之急。近年来，一系列创新力量如雨后春笋般涌现——新技术、新产业、新业态、新商业模式，为农业转型注入

了活力。其中，电子商务作为新兴业态，受到县域层面的广泛推崇，被寄予厚望以推动农村电商的蓬勃发展。然而，农产品电商发展的实际成果并未达到预期，新技术、新产品、新业态的推广速度亦不及预期，其发展仍依赖大量投入，参与主体数量有限，且多呈零散状态，难以形成规模化经济效益。

第三，城乡差距依然是中国社会发展中的一个显著问题，其中最为直观的表现是城乡居民收入差距显著。这一差距不仅反映在收入上，更深层次的问题在于长期存在的城乡二元结构导致了资金、技术、土地使用权、人力资源等关键生产要素在城乡之间的配置极不平衡。这种不平衡往往表现为要素的单向流动，即从农村向城市集中，而且这种模式已经趋于固化，形成了稳定的流向。农业的高风险与低回报特性、乡村就业机会的缺乏与不稳定、农村生活方式的相对单一以及基础设施的滞后，这些导致农村的优质资源持续向城市聚集。优质生产要素是促进农业农村发展的重要动力，它们的流失加剧了乡村的衰退，这已成为中国现代化进程中的一个棘手难题，也是乡村振兴战略实施过程中的重大挑战。

第四，农业农村基础设施和社会公共服务发展滞后。农业农村地区的基础设施和社会公共服务的滞后是制约乡村全面振兴的关键因素之一。主要体现在两个方面：一方面，农村基础设施的现代化水平有待提升。尽管近年来农村的物质条件有所改善，但许多地方的道路、供水、供电、通讯等基础设施仍然落后，无法充分满足农民日常生产与生活的基本需求。农村的物流网络、信息化建设等现代基础设施的缺失，限制了农产品的流通和农村经济的多元化发展。另一方面，农村基本公共服务体系存在历史遗留问题。虽然政府已经在农村建立了基本的公共服务框架，包括教育、医疗、养老等，但是服务标准普遍偏低，覆盖面不足，且服务质量和效率与城市相比存在明显差距。这不仅影响了农民的生活质量，也阻碍了农村居民的平等发展，进一步加大了城乡之间的鸿沟，延缓了城乡融合的进程。

第五，我国农业发展面临的资源环境约束正逐渐接近极限，对农业可持续发展构成了严峻挑战，具体表现在三个方面。首先，耕地资源的减少已经成为不容忽视的问题。随着城市化进程的加速和非农建设用地的增加，我国的可耕地面积持续萎缩，部分土地由于污染、退化等原因，其生产力和适宜性大幅降低，已不再适合粮食作物的种植。其次，农业环境污染问题日益严峻。长期以来，为追求高产，农业生产中大量使用化肥和农药，导致土壤质量下降，生态平衡遭到破坏。最后，水资源的过度开发成为农业发展的瓶颈。我国水资源分布不均，部分地区如华北和西北地区，由于自然条件限制和人类活动的影响，水资源开发利用程度极高，甚至超过了自然补给能力，导致地下水位下降、河流断流，严重影响了农业灌溉和生态环境的稳定性。

第六，农村空心化和老龄化是中国农村发展中面临的两大严峻挑战，它们相互交织，共同加剧了农村社会和经济的结构性问题。农村空心化的根源在于青壮年劳动力的大规模外迁，这部分人口向城镇转移寻求更好的就业机会和生活条件，导致农村地区劳动力严重短缺。农业行业本身吸引力的减弱，加上年轻人对现代化城市生活的向往，使得他们更倾向于从事非农产业的工作，这不仅削弱了农业生产的劳动力基础，也加速了农村的空心化。与此同时，农村老龄化问题日益突出，留守的老龄农民往往受教育水平较低，思想观念相对保守，他们可能具有"小富即安"的传统小农意识，这种心态不利于加快农业现代化进程。由于缺乏足够的年轻劳动力补充，农村地区的农业生产方式难以实现更新换代，老年农民在体力和科技应用能力上的局限，进一步限制了农业的现代化和高效化。农村人力资本的匮乏对整个农村社会产生了重大影响，它不仅影响了农业的可持续发展，还导致了农村社区的衰退和农业地位的边缘化。

（三）我国已具备实施乡村振兴战略的基础和条件

当前，我国已具备实施乡村振兴战略的基础和条件，主要体现在以下三个方面。

第一，在实施乡村振兴战略的过程中，我们必须始终牢记习近平总书记关于"三农"工作的重要论述。自党的十八大以来，习近平总书记对于如何做好"三农"工作已经给出了清晰明确的指导方向，提出了一系列具有前瞻性和战略意义的新理念、新思想、新战略。这些重要论述不仅为我们提供了坚实的理论支撑，更是实施乡村振兴战略的行动指南。

第二，我国已构建起乡村振兴所需的坚实物质根基与完备制度框架。首先，自改革开放以来，我国的物质支撑体系日益稳固。随着国家经济实力的提升，工业化与城市化进程加速推进，为农业农村的发展注入了源源不断的动力。在这一过程中，我国经济发展迈上新台阶，为乡村振兴提供了强大的物质保障。其次，党的十八大以来，我国农业农村领域取得了举世瞩目的成就。尽管面临国际形势复杂多变、国内经济增长放缓等挑战，党中央始终保持高度的战略定力，强化集中统一领导，确保了农业农村工作的稳步前行。这一时期，农业农村面貌焕然一新，不仅成为稳定经济社会大局的"压舱石"，更在多个方面实现了历史性突破：粮食生产能力和农业结构优化达到新水平；农民收入持续增长，城乡收入差距逐步缩小；脱贫攻坚战取得重大胜利，书写了中国减贫史上的壮丽篇章；农村生态文明建设成效显著，乡村环境质量明显提升。这些充分展现了我国在乡村振兴道路上所积累的雄厚实力与制度优势。

第三，社会主义新农村建设为乡村振兴战略的实施积累了丰富的实践经验。自2006年中央提出社会主义新农村建设倡议至今，历经十余年探索，我国农村面貌发生了深刻变化，为乡村振兴战略的推进奠定了坚实基础。在资金投入方面，国家持续加大对农村的支持力度，显著提升了农村基础设施水平，有效改善了农民生产生活条件。通过取消农业税，实施农村义务教育免费政策，以及建立健全农村社会保障体系和新型农村合作医疗制度等一系列举措，有力促进了城镇公共服务向农村延伸，显著提升了农村公共服务水平，极大地改善了农村的基本面貌。

第二节　乡村振兴战略的科学内涵

一、产业兴旺是乡村振兴的基石

新时代背景下，推动农业农村发展，核心在于激发农村产业活力，实现农村产业的兴旺。从历史视角审视，我国农村产业发展曾长期聚焦于生产层面，尤其是农业生产，旨在解决农民温饱问题，迈向小康。然而，从"生产发展"到"产业兴旺"的政策转向，标志着新时代农业农村政策更加精准、务实，目标直指农业农村现代化。这一转变要求农村产业从量的扩张转向质的提升，从粗放式经营转向精细化管理，从短期利益转向可持续发展，从低端供给转向满足高端需求。

产业兴旺不仅是农业自身发展的诉求，更是农村经济多元化的体现。它要求打破传统农业界限，促进第一、第二、第三产业深度融合，尤其要以供给侧结构性改革为主线，提升产品和服务的质量与效率，从而实现农业农村发展的质效双升。产业兴旺对于农民增收、农村增值具有直接推动作用，同时也是乡风文明、有效治理的重要物质基础。唯有产业兴旺与农民富裕、乡风文明、有效治理有机统一，方能全面提升农村生态宜居水平。

鉴于当前我国农村产业存在的问题，如区域特色与整体竞争优势缺乏、产业布局规划不足、产业结构单一、市场竞争力弱、效益增长受限及发展稳定性差等，乡村振兴战略必须将产业兴旺作为首要任务和突破口。这不仅涉及提升现有产业的竞争力，更需探索新兴产业形态，优化产业结构，增强产业链韧性，拓宽农民增收渠道。同时，加快区域特色产业发展，制订科学合理的产业布局规划，构建多元化产业体系，是打通农村产业发展"最后一公里"的关键。

二、生态宜居是乡村振兴的保证

习近平总书记在党的十九大报告中强调的"加快生态文明体制改革，建设美丽中国"，为乡村振兴战略指明了方向，即建设美丽中国从美丽乡村做起，将生态文明建设融入乡村振兴的全过程。生态宜居的美丽乡村不再局限于传统的"村容整洁"，而是向着"生产、生活、生态"三位一体的绿色、低碳发展模式转型，体现了新时代对高质量生活的追求与生态文明建设的紧密结合。

生态宜居的核心理念是绿色发展，旨在构建低碳、可持续的乡村经济模式，涵盖生产、生活、生态三个维度，追求"村镇化"复合型道路的创新实践。这种模式不仅关注生态系统的保护和恢复，也重视经济发展的绿色转型，确保乡村产业的兴旺与生态底色相辅相成。通过建设生态宜居家园，乡村能够实现创造物质财富与建设生态文明的双赢，开辟出一条符合中国国情的绿色、可持续发展路径，进而达到生活富裕的目标。生态文明不仅是乡村发展的物质基础，也是乡风文明的重要组成部分。乡风文明的内涵包含了对生态文明的认同与实践，倡导绿色生活方式，弘扬生态文化，形成人与自然和谐共生的社会风尚。生态文明建设的基本要求贯穿于乡风文明之中，构成了乡村社会的精神支柱和价值导向。乡村生态的良好治理是实现乡村有效治理不可或缺的一环。有效的乡村治理应当包含健全的生态治理体系和机制，确保生态环境的可持续利用和保护。生态治理与社会、经济治理相辅相成，共同构成乡村治理的框架，确保乡村振兴的系统性和协调性。

总之，将乡村生态文明建设作为乡村振兴的基础性工程，既是时代的呼唤，也是历史的必然选择，唯有如此，才能让美丽乡村成为承载未来希望与留住乡愁的美好家园。

三、乡风文明是乡村振兴的灵魂

乡风文明，作为乡村振兴的灵魂，承载着守护乡村精神家园的重任。在乡村振兴的征途上，我们必须珍视并弘扬那些深深植根于广袤乡村的优秀传统文化，无论是物质文化还是非物质文化遗产，都是民族记忆与智慧的结晶。特别是那些蕴含中华优秀传统文化与红色革命文化精髓的关键区域，以及民族地区独特的民俗、民风、民居等特色文化，都应得到加倍的保护与传承，以防优秀传统文化的流失，为乡村振兴提供坚实的内在支撑和不竭的动力源泉。乡村振兴不仅是经济与社会的革新，更是文化的复兴与精神的觉醒。在这一伟大进程中，物质文明与精神文明并驾齐驱，缺一不可。产业的蓬勃发展、经济的发展壮大固然重要，但繁荣乡村文化、提振农民精神同样不可或缺。我们要致力于乡村文化的繁荣兴盛，使其成为乡村振兴的鲜明标志和持久动力。为此，乡村文化振兴应渗透至乡村振兴的每一个角落，贯穿于全过程，成为乡村振兴战略不可或缺的一部分。唯有如此，才能确保乡村振兴之路既有物质的富足，也有精神的丰盈。

四、治理有效是乡村振兴的核心

乡村振兴的顺利推进，离不开有效的乡村治理作为秩序保障。在新时代背景下，乡村治理的显著特征在于国家与社会的有效整合，旨在盘活既有治理资源，吸纳新兴治理力量，以治理的有效性为导向，解决村民自治带来的冲突与分化，确保乡村社会的和谐稳定与有序发展。为了实现有效治理的目标，乡村治理的技术手段应趋向多元、开放与包容。不再局限于特定治理模式，而是广泛整合一切有利于推动乡村治理效能提升的资源，包括现代科技、传统智慧等，确保治理绩效的持续提升和乡村社会秩序的良好维护。

党的十九大报告提出的健全自治、法治、德治相结合的乡村治理体系，旨在构建一个国家与社会协同治理的新格局。这一构想要求在尊重村民自治、发挥基层首创精神的基础上，坚守依法治村的底线，同时继承发扬乡村社会的传统美德，形成自治、法治、德治相互补充、相得益彰的多元治理模式，为乡村振兴提供坚实的社会基础和道德支撑。实现乡村治理有效，关键在于自治、法治、德治的耦合机制的健全和完善。通过创新乡村社会制度内嵌机制，将村民自治制度与国家法律法规有机融入村规民约和乡风民俗之中，促使自治、法治与德治深度交融，形成高效协调的治理格局。

五、生活富裕是乡村振兴的目标

生活富裕，其核心诉求在于共同富裕，即全体农民共享社会发展成果，实现生活质量的整体提升。改革开放40余年，农村面貌焕然一新，温饱问题的解决标志着农村社会步入了新的发展阶段。然而，发展不平衡不充分的矛盾逐渐浮出水面，农民对美好生活的向往与现实差距构成了紧迫的挑战。在这一背景下，提升农民的获得感和幸福感，消除"被剥夺感"，成为了乡村振兴进程中的关注点。生活宽裕与生活富裕虽仅一字之差，实则反映了农民生活目标的深刻转变。生活宽裕侧重于解决温饱，步入小康，主要依赖于农村现有资源的开发与利用。而生活富裕则着眼于农民的现代化，追求更高的生活质量，强调消除不平等感，增强幸福感和获得感，这要求超越存量思维，探索增量发展，实现共同富裕。面对存量发展局限，乡村振兴战略提出产业兴旺，为农村增量发展指明了方向。

第三节　乡村振兴战略的时代意义

乡村振兴战略作为党的十九大报告中的重要部署，其历史意义、理论意义与实践意义深远，是新时代中国农村发展的重要指南。从历史的视角审视，乡村振兴战略是中国农村改革与发展历程中的一次重要转折点。它立足于改革开放以来中国农村发生的深刻变化，特别是在工业化、城镇化快速推进背景下农村地区所面临的挑战与机遇。乡村振兴战略总结了过去的经验，同时也为未来农村的全面发展描绘了新的蓝图。它强调城乡发展一体化，旨在缩小城乡差距，促进农村经济、社会、文化的全面进步，是农村发展战略的一次重大升级。理论上，乡村振兴是深化改革开放、完善社会主义市场经济体制的重要举措。乡村振兴战略针对市场经济发展中出现的农村市场失灵问题，如资源配置不均、产业结构不合理、农村金融服务缺失等，提出了系统的解决方案。在实践层面上，乡村振兴战略聚焦于满足人民群众对美好生活的向往。它坚持以人民为中心的发展思想，强调农业产业的高质量发展，农村环境的保护与建设，以及农民素质的提升与福祉的增进。通过促进农业现代化，建设美丽宜居乡村，增加农民收入，乡村振兴战略致力于解决农业现代化、新农村建设与农民发展进步中的现实问题，实现农村的全面振兴。

一、乡村振兴是实现中华民族伟大复兴的历史使命

乡村是中华文明绵延不绝的根基所在，自古以来便是经济社会繁荣的见证。历史上，乡村的繁荣昌盛往往标志着盛世的到来，而回乡置业，则是成功人士荣耀归来的象征。身为农业大国，农业、农村、农民，这"三农"始终是我国立国之本，发展之基。农民的坚定支持与积极参与，铸就了新民主主义革命的辉煌胜利；农业的辛勤积累，构筑起新中国独立完整的工业骨架；农村的先行改革，拉开了改革开放的大幕。步入中国特色社会主义新时代，农业依然是国民经济的压舱石，农民仍旧是社会结构的稳固基石，农村则承载着全面小康的希望与挑战。在这一伟大征程中，"三农"问题始终牵动着国家发展的脉搏，关乎中国特色社会主义全局的稳定与繁荣。

自中华人民共和国成立以来，国家的发展策略长期侧重于城市和工业领域，这是为了快速实现工业化和增强国家综合实力。在此过程中，乡村和农业部门通过提供廉价劳动力、农产品和资金积累，为城市的工业发展提供了必要的支持。然而，这种发展模式不可避免地导致了城乡之间差距的扩大，以及农村内部发展的不平衡。随着改革开放的深化和城市化进程的加速，城乡差距逐渐显现。一方面，城市因工业发展实现了经济繁荣、基础设施的完善和社会服务的提升；另一方面，乡村地区在资金、人才、技术和政策支持上相对匮乏，导致农业现代化进程缓慢，农村基础设施落后，农民收入增长滞后，教育、文化、卫生等公共服务资源不足。具体来说，农业现代化的不充分体现在农业科技应用不足、生产效率低下、产业结构单一等问题上；社会主义新农村建设的不充分表现为农村良好居住环境、公共设施和社区治理等方面的欠缺；农民群体在教科文卫发展水平上的不充分则体现在教育资源不均、健康保障有限、文化生活贫乏等方面，这些都限制了农民群体享受现代社会发展的成果。

中国共产党的历史使命与其初心紧密相连，即为中国人民谋幸福，为中华民族谋复兴。在这一使命的引领下，乡村振兴成为新时代解决"三农"问题的关键一环，也是实现全面建设社会主义现代化国家的重要途径。亿万农民在革命、建设、改革的不同历史时期都作出了不可磨灭的贡献，他们既是历史的见证者，也是历史的创造者。因此，让农民享有更多的发展成果，提高他们的生活质量，是党和国家矢志不渝的追求，也是衡量乡村振兴成效的重要标准。乡村振兴不仅关乎中国的国内发展，还承载着向世界展示中国智慧和方案的责任。在全球现代化进程中，乡村转型是一个普遍难题，涉及经济、社会、文化等多方面的复杂变化。许多发展中国家在追求现代化的同时，面临着乡村衰败、城乡差距扩大等挑战。中国作为一个发展中大国，如果能够成功探索出一条符合自身国情的乡村振兴之路，无疑将为全球乡村问题的解决提供宝贵经验。

当前我国乡村正面临一系列挑战，乡村振兴战略的提出，旨在通过一系列综合措施，激发乡村的内在潜力，提升其吸引力，进而构建一个可持续发展的新时代乡村生态。乡村振兴强调坚持农业农村优先发展，这意味着在政策制定、资源配置、项目布局等方面，给予乡村和农业前所未有的重视和支持。这不仅是对乡村地位和作用的再认识和再定位，更是对乡村价值的深入挖掘和全面激活。从更宏观的角度来看，乡村振兴是新时代背景下实现全面建设社会主义现代化国家、全面推进中华民族伟大复兴的战略举措。

二、乡村振兴是全面建设社会主义现代化国家的必然要求

根据我国的基本国情，即便在城镇化发展成熟之后，农村人口预计仍将保持在4亿左右。农业的强大与否、农村的美景与否、农民的富裕与否，直接关系到全面小康社会建设的效果以及社会主义现代化建设的质量。我国的现代化进程，不仅涵盖了工业和城市的现代化，更包括农业农村的现代化。如果没有实现农业农村的现代化，那么国家的现代化就是不完整、不全面、

不牢固的。

相较于发达国家,我国现代化进程中的问题依然聚焦于乡村地区。我们所追求的现代化路径,绝非抛弃农业现代化的孤注一掷。农村,不应沦为荒凉之地,也不应仅仅是留守者的心灵寄托或过往的记忆片段。依据"木桶理论",整体的现代化水平,正是由那块最短的木板即农业现代化的滞后状态所决定。农业现代化的推进,已成为"四化"(工业化、信息化、城镇化、农业现代化)协同发展的主要瓶颈。因此,现代化的核心挑战在于打破城乡及工农之间的二元分割,实现农业与农村的一体化发展,让其融入国家现代化的宏伟蓝图之中。

为了确保"四化"同步推进,我们必须坚定不移地将农业农村置于优先发展的战略地位,着力弥补农业现代化这一短板。尽管我国现代农业已展现出强劲的发展势头,但乡村的全面发展却始终步履蹒跚,尤其是在步入工业化、城镇化与农民市民化进程之后。与城市相比,乡村面临基础设施建设滞后、生态环境退化、收入增长缓慢、生活质量低下等问题。同时,随着城市扩张和经济发展,农民逐渐迁入社区,却未能享受到相应的公共服务,乡村原有的乡土气息与文化特色也逐渐淡化。

加速农业农村现代化是解决"三农"问题的根本出路。近年来,我国的经济实力与综合国力显著提升,为农业农村现代化提供了坚实的基础和有利条件。当前,我们亟须汇聚全社会的智慧与力量,加大对"三农"领域的投入和支持力度,构建起全新的"三农"发展格局。

三、乡村振兴是新时期农业农村现代化的有效途径

乡村振兴战略的总目标是实现农业农村现代化,这不仅仅是经济层面的现代化,更包含了生态、文化、社会治理等多维度的全面发展。这一战略强调农业农村优先发展,意味着在国家发展战略中,农业农村的地位被置于前所未有的高度,需要从政策、资源、人力等多方面予以优先保障。为了达成乡村振兴战略目标,需要在资金投入、要素配置、公共服务、干部配备等多

个方面采取切实有效的措施，确保资源向农业农村倾斜，形成有利于乡村振兴的政策体系和市场环境。同时，推动农业与农村的同步现代化，一体设计、一并推进，确保农业现代化与农村现代化相辅相成，共同促进乡村全面振兴。通过这一系列的努力，乡村振兴战略将使得农业成为有前景的产业，吸引更多的年轻人和投资者参与其中；农民将成为受人尊敬的职业，享有体面的收入和社会地位；农村将变成宜居宜业的美好家园，拥有良好的生态环境、丰富的文化生活和高效的社会管理。

回顾历史，我国城乡发展不平衡的问题根深蒂固，这主要是因为长期以来城乡二元结构的存在，以及资源分配上的不平衡。多种复杂因素的交织，如政策导向、经济结构、地理条件等，共同导致了城乡居民收入的巨大差异、农业基础的薄弱，以及农村社会事业如教育、医疗、养老等方面的发展滞后。尽管改革开放以来，我国农业农村经历了前所未有的变革，农民的生活和生产条件有了显著改善，但在全面建设社会主义现代化国家的宏观背景下，"三农"问题依旧凸显，成为了制约我国经济社会均衡发展的重要因素。进入新时代，中国特色社会主义进入了高质量发展阶段，乡村振兴战略的提出恰逢其时。这一战略不仅着眼于解决"三农"问题，更是在更高起点上对城乡关系的重塑，旨在打破城乡壁垒，促进城乡融合发展。乡村振兴战略的实施，不仅关乎乡村经济、政治、社会、文化和生态的全面振兴，更深层次的目标是通过补齐乡村发展的短板，实现我国经济社会发展的整体平衡与协调，确保在全面建设社会主义现代化国家的进程中，乡村不会成为被遗忘的角落。

乡村振兴战略精准锚定了农业农村现代化这一核心目标，明确了实施乡村振兴战略的关键政策抓手，全面贯彻产业兴旺、生态宜居、乡风文明、治理有效、生活富裕的总要求，旨在构建城乡融合发展的新机制和政策框架，确保农业农村优先发展的战略得以切实执行。乡村振兴战略的实施，不仅聚焦于加速农业农村现代化的进程，更致力于全面提升农村经济发展水平，增加农民收入，有效缩小城乡差距，推动社会整体的协调与均衡发展。

四、乡村振兴推动共同富裕

在党的十九届五中全会上,中共中央首次提出把"全体人民共同富裕取得更为明显的实质性进展"纳入《中华人民共和国国民经济和社会发展第十四个五年规划和2035年远景目标纲要》。2021年8月17日,中央财经委员会第十次会议提出了研究扎实促进共同富裕的问题。在研究制定经济政策的中央财经委员会会议上提出了共同富裕的长期政策框架,这意味着在新发展阶段,党中央把"共同富裕"摆在更加重要的位置。

我国坚持"效率优先"的原则,成功实现了经济的高速增长。然而,随着社会进入新发展阶段,面对人民日益增长的美好生活需要与不平衡不充分的发展之间的矛盾,我们需要在继续追求效率的同时,更加注重财富分配的公平性。这意味着,在追求增量的过程中,不仅要保持经济的活力和效率,还要加大对公平分配的关注,确保经济增长的成果能够惠及更广泛的民众,缩小贫富差距,促进社会和谐稳定。推进共同富裕,作为我国现代化建设的重要任务,是一项系统工程,其复杂性和长期性不容小觑。这项任务不仅涉及经济领域的结构调整和产业升级,还需要在社会保障、教育、医疗、住房等民生领域进行深入改革,确保每个公民都能享有基本的公共服务和发展的机会。同时,考虑到我国地域辽阔,各地区经济发展水平、资源禀赋存在显著差异,推进共同富裕的策略须体现差异化和精准性,避免一刀切的做法。

乡村振兴与共同富裕在目标定位、发展理念和推进路径上展现出高度的内在一致性。乡村振兴战略旨在通过解放和发展农村生产力,激发农村经济活力,改善农民生活,不仅追求物质财富的增长,更注重满足人民群众对美好生活的向往,确保全体人民在社会主义制度的保障下,共同创造和享受经济发展成果,实现生活质量的提升。

在发展方向上,乡村振兴与共同富裕均致力于缩小城乡、区域间的经济和社会发展差距,通过促进乡村经济多元化、优化农村产业结构、提升农民收入水平等途径,实现乡村与城镇的协调发展,确保农民与市民共享发展成果,逐步消除贫富差距,迈向共同富裕。

在发展理念上,两者都强调共享发展,倡导先富带动后富,通过政策引导、市场机制和社会力量的有机结合，推动资源向农村和弱势群体倾斜，促进社会公平正义，实现全体人民的共同发展和富裕。这种发展理念体现了社会主义的本质要求，旨在构建一个没有剥削、没有压迫、人人平等、共同富裕的理想社会。

在推进逻辑上，鉴于我国地域广阔，各地发展条件、资源禀赋、经济社会基础存在显著差异，共同富裕和乡村振兴的实现是一个渐进的过程，需要根据不同地区的实际情况，采取差异化的发展策略，循序渐进，逐步推进。这意味着在乡村振兴的过程中，既要注重短期成效，也要着眼长远布局，通过持续努力，最终实现区域间的平衡发展和全体人民的共同富裕。

总之，乡村振兴与共同富裕存在较大程度的耦合性，两者相互促进、相得益彰，引领着中国向着更加繁荣、公平、和谐的方向前进。

五、乡村振兴实践"两个结合"

中国共产党的百年历程证明，将马克思主义基本原理同中国具体实际相结合、同中华优秀传统文化相结合，是党取得革命、建设和改革伟大成就的重要法宝。这"两个结合"不仅深化了对马克思主义的理解，而且丰富和发展了马克思主义，使之更具有中国特性、中国风格和中国气派。乡村振兴战略作为新时代中国特色社会主义的重要组成部分，正是中国共产党将马克思主义基本原理与中国乡村发展具体实际相结合的典范。乡村振兴战略的实施，体现了马克思主义关于生产力与生产关系、经济基础与上层建筑相互作用的基本原理，通过推动乡村产业发展、改善基础设施条件、优化生态环境、提升农民生活水平等，促进了乡村生产力的发展，同时也调整和改善了农村生产关系，使之更加适应生产力发展的要求。

走中国特色乡村振兴道路，无疑为"两个结合"提供了广阔的实践舞台和丰富的文化土壤。习近平总书记关于乡村振兴的重要论述，体现了对乡村发展规律的深刻洞察，融合了马克思主义的普遍真理与中国乡村发展的具体实际，形成了具有中国特色的乡村振兴理论体系，这是马克思主义中国化的最新成果之一。在理论创新方面，习近平总书记的论述涵盖了农业农村现代化、城乡融合发展等关键议题，提出了诸如"绿水青山就是金山银山""农业强、农村美、农民富"等一系列创新理念，这些理念不仅指导了乡村振兴的实践，也为全球乡村发展贡献了中国智慧和中国方案。从文化视角来看，乡村振兴战略深刻认识到乡村作为中华文明载体的重要性，强调了乡村文化的繁荣与发展对于乡村振兴的意义。中华文明源远流长，农耕文化是其根基所在，乡村不仅保留了丰富的传统习俗、民间艺术、地方戏曲等非物质文化遗产，也承载着深厚的家族观念、乡土情怀和道德伦理。乡村振兴在推动乡村经济、社会、生态发展的同时，高度重视乡村文化的传承与创新，倡导挖掘乡村文化价值，保护和利用好乡村文化遗产，让乡村成为展示中华优秀传统文化的窗口。

马克思主义作为解放全人类、追求共产主义社会理想的科学理论，始终将人民的利益置于最高位置，而实现共同富裕，不仅是社会主义的本质特征，也是中华民族数千年来的不懈追求和文化基因。在当代中国，共同富裕的实现路径尤为聚焦于乡村地区。乡村，作为中国最广泛、最深厚的社会基础，承载着亿万农民对美好生活的向往，同时也是发展不平衡不充分问题最为集中的领域。因此，全面推进乡村振兴，不仅是破解"三农"难题、缩小城乡差距的关键之举，更是实现共同富裕、促进社会公平正义的必由之路。乡村振兴战略，不仅践行了马克思主义关于人的自由全面发展和社会主义本质的理论，也深深植根于中华优秀传统文化的沃土之中，仁政爱民、和谐共生、勤俭节约等传统美德，与乡村振兴的现代理念密切融合。

第四节 乡村振兴战略的实施路径

近年来，乡村振兴战略在全国范围内如火如荼地推进，旨在优先发展农业、农村。其中，一个核心议题是寻找新时代实施乡村振兴战略的可行路径。在实施乡村振兴战略时，我们应高度重视对我国乡村发展实践经验的总结和借鉴，深刻把握新时代中国农村的发展脉络和规律。同时，我们要坚持目标导向，针对问题，精准施策，以确保乡村振兴战略能够落地生根，取得实实在在的成效。

一、始终坚持党对农村工作的领导，筑牢乡村振兴的政治保障

党的领导是中国特色社会主义制度的最大优势，也是实现乡村振兴战略的关键。自中华人民共和国成立以来，中国乡村经历了深刻的变革与长足的发展，这些成就的取得，根本上得益于中国共产党的坚强领导。党始终站在农民群众的立场上，以农民的利益为核心，通过制定和实施一系列惠农政策，推动农业现代化、农村发展和农民增收，为乡村的繁荣稳定提供了坚强的政治保障和组织保障。面对新时代"三农"问题，我国应继续坚持党对农村工作的全面领导，具体要做到以下两点。

（一）强化政治领导，凝聚乡村振兴合力

各级党组织应不断增强政治判断力、政治领悟力、政治执行力，将党的领导贯穿于乡村振兴的每一个环节。通过加强政治领导，确保乡村振兴的各项政策制定、工作部署和具体落实都紧密围绕党中央决策部署展开，形成上下一心、齐抓共管的良好局面。

（二）发挥农村基层党组织的领导核心作用

农村基层党组织是乡村振兴的前线指挥部，必须明确其在乡村振兴中的重要地位。通过加强基层党组织建设，提升其在乡村振兴中的组织力、号召力和服务能力，确保基层党组织能够在推动乡村产业发展、促进农民增收、

改善乡村治理等方面发挥关键作用。

二、全面深化农村改革，着力解决农业农村发展不平衡不充分问题

改革开放以来，中国经济社会发生了翻天覆地的变化，社会主义市场经济体制逐步建立和完善，工业化、城镇化进程显著加快，极大地推动了国家现代化建设。然而，伴随着快速发展的工业化和城镇化，农业农村发展面临的挑战也日益凸显，这些问题如果不妥善加以解决，将直接影响到乡村振兴战略的实施效果及农业农村的持续健康发展。当前，持续推动农业农村经济发展成为我国不可回避的重要话题，具体要从以下几方面努力。

（一）深化农业供给侧结构性改革，提升农业综合效益与竞争力

为了提高农业的综合效益和市场竞争力，我们需要持续推进农业供给侧结构性改革，推动农产品从数量型向质量型转变，打造特色农产品品牌，增强农产品的市场吸引力。这不仅能提升农产品在国内外市场的占有率，还能开辟农民增收的新路径，促进农村经济的多元化发展。

（二）深化农村土地制度改革，激活农村发展潜能

在土地集体所有制下，通过稳定农户的承包权和放活土地经营权，实施"三权"分置改革，旨在建立一个更加灵活高效的农地流转机制和市场体系。这将有助于土地资源的优化配置，满足土地流转的市场需求，同时吸引城市资本投资农业，鼓励返乡农民工创新创业，使农村土地资源得到更充分的利用，实现小农户与现代农业的有机融合，提升农业现代化水平。

（三）壮大农村集体经济，促进乡村全面振兴

通过有效整合农村地区的人力、财力、物力资源，结合各地区独特的资源禀赋和产业优势，探索多样化的集体经济发展模式，是推动乡村全面振兴的关键。这不仅包括发展特色农业、乡村旅游、农产品加工等产业，还涉及农村基础设施建设、生态环境保护、乡村文化传承等多个方面。通过多渠道、多途径壮大农村集体经济，可以为乡村产业、人才、文化、生态、组织等方面的振兴奠定坚实基础，助力乡村振兴战略的全面实施。

三、坚持以人民为中心的发展理念，实现城乡融合发展

消除城乡二元结构，推动城乡融合发展，是新时代中国实现共同富裕、促进乡村全面振兴的必由之路。长期以来，我国城乡发展不平衡问题突出，城乡二元经济结构矛盾突出，表现在城乡收入差距大、公共服务不均等、要素流动受限等方面。要破解农业农村发展不平衡不充分的难题，必须建立新型工农城乡关系，打破城乡壁垒，促进城乡资源要素自由流动和平等交换，实现城乡融合发展。

（一）推动"四化"同步发展，构建工农城乡融合发展新格局

通过工业化带动农业现代化，提高农业生产效率和农产品加工水平，推动农业产业结构优化升级。利用信息化手段提升农业智能化水平，促进农业与信息技术深度融合，提高农业信息化水平。在城镇化进程中注重吸纳农村剩余劳动力，提升农民职业技能，促进农村人口向城镇转移。同时，推动城市基础设施和公共服务向农村延伸，缩小城乡差距，实现城乡要素自由流动和平等交换。此外，发展特色农业、乡村旅游、休闲农业等产业，延长农业产业链，增加农产品附加值，促进第一、第二、第三产业融合发展，实现城乡产业互补、协同发展。

（二）提升乡村公共服务水平，共享社会发展成果

科学编制村庄规划，重点改善农村交通、饮水安全、物流网络、电信设施等基础设施条件，吸引社会资本参与投资建设，提升农村居民生活便利性和舒适度。还要增加乡村教育资源，提升农村教育质量；加强乡村医疗卫生设施建设，提高医疗服务水平；丰富乡村文化生活，改善公共文化服务；完善乡村社会保障体系，健全社会救助机制，确保农村居民享有基本的公共服务。

四、健全"三治结合"的乡村治理体系，推动乡村治理体系和治理能力现代化

随着我国农村社会结构的深刻变迁、城乡利益格局的调整以及农民思想观念的更新，乡村社会正处于一个机遇与挑战并存的转型期。一方面，农村经济的快速发展、农业现代化的推进、农民收入水平的提高，为乡村社会带来了前所未有的发展动力和机遇；另一方面，伴随着这些变化，也产生了一系列治理难题，如乡村空心化、老龄化、社会矛盾增多、公共事务参与度下降等，这些都对乡村治理体系提出了新的要求和挑战。面对这一形势，党的十九大报告适时提出了健全自治、法治、德治相结合的乡村治理体系，这是对乡村治理模式的一次重大创新，旨在构建一个适应新时代要求、符合乡村实际的治理体系，以实现乡村善治，为乡村振兴战略的顺利推进提供坚实保障。

构建"三治结合"的乡村治理体系，要从以下几方面着手。

（一）深化村民自治实践，激发村民主体意识

通过完善村民会议、村民代表大会等议事决策机制，形成民事民议、民事民办、民事民管的常态协商格局，尊重村民在乡村治理中的主体地位，增

强其参与村庄公共事务的责任感和主动性。此外，通过培训，提升村民的自治技能，包括决策、沟通、调解等，促进村民自我管理、自我服务、自我教育、自我监督，解决乡村社会转型中治理主体流失导致的自治功能弱化问题。

（二）推进乡村法治建设，维护农村社会稳定

加强对村干部和村民的法治宣传教育，提高其法治意识和法律素质，营造尊法守法用法的浓厚氛围。针对村民选举、征地补偿、农村扫黑除恶等重点领域，修订和完善相关法律法规，确保法律在支持"三农"发展、解决农村纠纷方面的权威性和有效性。

（三）提升乡村德治水平，塑造文明乡风

以社会主义核心价值观引领乡村文化建设，开展移风易俗活动，倡导文明新风尚，抵制不良习俗，提升乡村精神文明水平。通过表彰先进典型、树立道德模范等方式进行正面引导，同时对违背公序良俗的行为给予适当惩戒，形成鲜明的道德导向，推动乡村德治从理论说教向实际行动转化，创造风清气正的乡村社会环境。

五、全方位落实乡村振兴工作

（一）产业振兴——加快形成乡村现代产业发展新格局

1.扩大产业规模

将适度规模经营视为推动产业振兴的关键策略，通过形式多样的适度规模经营，有效弥补产业发展中的不足。充分发挥农民合作社的桥梁作用，鼓励家庭农场牵头成立合作社，实现小农户与现代农业发展的无缝对接，构建

起互利共赢的新型农业经营体系。聚焦培育一批具有核心竞争力的龙头企业，使之成为产业振兴的主力军。大力支持科技创新，打造一批技术领先、品牌影响力大的产业化龙头企业，引领产业转型升级。同时，着力创建一批具有显著集聚效应和广泛辐射力的现代农业示范园区、返乡创业基地以及集循环农业、创意农业、农事体验等多功能于一体的田园综合体，推动农业产业链条延伸，提升农业综合效益。

2.提升产业质量

深化农业供给侧结构性改革，引导农业从以产量为中心向以质量为中心转变，全面提升农产品品质和市场竞争力。加大农业科技和现代化机械装备的推广应用力度，提高农业生产效率和产品质量，实现农业生产的智能化、精准化和可持续化。以区域特色为导向，优化调整农业产业结构，推动产业转型升级。大力发展绿色农业、循环农业和生态农业，促进农业资源的高效利用和生态环境的保护，实现农业绿色发展。发挥特色产业和主导产业的引领作用，如花卉果蔬、水产养殖等，通过培育壮大这些产业，带动整个农业产业链的升级和优化，提高农业整体效益。同时，注重产业链延伸和价值链提升，发展高附加值的农产品加工和服务业，将初级农产品转化为更高价值的产品和服务，增加农民收入，推动农村经济多元化发展。

3.加速产业融合

推动乡村产业振兴，关键在于促进第一、第二、第三产业的深度融合，打破传统农业单一发展的局限，构建多元化的现代农业产业体系。这要求我们摒弃"乡村产业仅限于农业"的旧有观念，全方位提升乡村产业的发展水平。首先，应巩固第一产业的基础地位，通过科技兴农、绿色兴农，提升农业生产的质量和效益。同时，推动农业产业链的纵向延伸，实现种植业与养殖业的协同发展，构建循环经济体系，提高资源利用率，降低生产成本，提升农业综合竞争力。其次，注重第二产业的优化升级，发展农产品加工业，延长产业链，提升农产品附加值。通过引入现代科技和管理理念，增加农产品加工的技术含量和提升品牌影响力，打造一批具有地方特色的农产品品牌，满足市场对高品质、个性化农产品的需求。最后，积极拓展第三产业，特别是乡村旅游、休闲农业、电子商务等领域，将农业与文化、旅游、教育、健康等产业相结合，形成多业态融合发展的新格局。通过"三二一"倒逼模式，即优先发展第三产业，带动第二产业（农产品加工业）的升级，进而促进第一产业（农业）的高质量发展，形成良性循环，激发农业农村经济的内生动力。

4.推进产业扶持

在土地方面，深化农村土地制度改革是关键。具体措施包括：一是完善农村用地政策，明确农村集体经营性建设用地入市的条件、程序和规则，确保其与国有土地同权同价，激活农村土地资产。二是探索建立农业农村发展用地保障机制，合理安排农村产业用地指标，支持农村新产业新业态发展。三是稳步推进农村土地"三权分置"，即农村土地集体所有权、农户承包权、土地经营权分离，明确各方权益，促进土地流转和适度规模经营，提高土地利用效率。

在资金方面，加大财政扶持力度，创新金融支持方式。一是公共财政预算向农业和农村倾斜，确保农业农村投入只增不减。二是构建财政、银行、保险、担保"四位一体"的支农政策体系，拓宽农业融资渠道，降低融资成本，分散农业风险。三是建立健全规范透明、标准科学、约束有力的支农资金预算制度，确保资金使用效益最大化。四是鼓励社会资本参与乡村建设，形成财政优先保障、金融重点倾斜、社会积极参与的多元投入格局，为乡村产业振兴提供充足的资金支持。

（二）人才振兴——构建以新型职业农民为主的支撑体系

1.培养新型职业农民和农业科技人才

新型职业农民，是那些对农业怀有深厚情感，精通现代农业技术，且擅长农业经营管理的精英群体。他们专注于农业生产，农业收入在其总收入中占据绝对比重，至少达到90%，是现代农业发展的主力军。

农业科技人才则分为两大类：一是活跃在生产一线的技术应用型人才，他们负责将先进的农业技术转化为实际生产力；二是农业科研领域的专家学者，尽管数量相对较少，但他们的重要性不容小觑。这些科研人员聚集在农业高校与研究院所，致力于农业技术的研发、引进与创新，源源不断地为一线技术人员输送最新科技成果，是农业科技进步的源泉。无论是大田作物种植、园艺栽培、畜禽养殖、特色种养，还是新兴的乡村休闲观光旅游业，科技的力量都是不可或缺的。农业科研人才与技术应用人才相辅相成，前者为后者提供技术支撑，后者将技术落地实施，共同推动农业现代化进程，助力乡村产业兴旺。

因此，加大对新型职业农民和农业科技人才培养的投入力度，不仅是提升农业生产效率和产品质量的关键，也是实现农业可持续发展、促进乡村全面振兴的必由之路。通过教育、培训、政策激励等手段，吸引更多有志青年投身农业，培养出更多既懂技术又善经营的新型职业农民，以及掌握前沿科技的农业科研人才，这对于加速农业现代化进程具有重要意义。

2.培养现代农业经营管理人才

我国现代农业发展中面临的挑战主要体现在小规模生产与大规模市场需求之间的矛盾。小规模生产模式是由我国当前的农业资源分布和人口结构决定的，而大规模需求则是随着人民生活水平的提高和对美好生活的向往而产生的。为缓解这一矛盾，推动农业组织创新成为关键路径，旨在构建更加高效、适应市场需求的农业生产和经营体系。

农业组织创新的多种模式，如新型合作社、农村专业技术协会、产业融合、公司+农户、公司+基地等，实质上都是对土地、资本、技术、管理等生产要素进行优化组合的过程。在这个过程中，经营管理人才扮演着至关重要的角色。他们不仅是创新的发起者、协调者，更是推动者，负责识别和整合各类资源，引领农业产业向现代化、规模化、专业化方向发展。农业经营管理人才应拥有广阔的视野和敏锐的洞察力，具有较强的政策理解力、市场分析能力，同时也要有深厚的农业情怀，热爱农业，理解农业，致力于农业的可持续发展，为农民谋福祉。

3.挖掘乡村文化人才

为了振兴乡村文化并确保其传承与发展，我们需要精心挑选并培养一支充满激情与具有专业素养的文化工作管理团队。这支队伍应当由那些具备独特专业技能、对乡村文化抱有深厚情感、业务能力出众且乐于奉献的精英组成。我们的目标是,通过他们卓越的领导力和创造力,推动乡村文化事业的繁荣。非物质文化遗产的保护与传承同样至关重要。我们应该积极寻找并支持那些潜在的非遗传承人,他们是乡村传统文化的守护者。通过申报和培养,确保这些珍贵的文化遗产得以延续,并在新时代背景下焕发生机。实施全面的文化人才培训计划,是提升乡村文化工作者能力的关键。这包括加强对农村基层文化骨干和乡村文化工作人员的培训,不仅提高他们的业务技能,也提高其政治觉悟,确保他们能够在乡村振兴的浪潮中发挥积极作用。加大资金投入力度,提高经济待遇,是吸引和留住乡村文化人才的重要手段。只有当乡村文化岗位变得更具吸引力,才能激发更多优秀人才投身于乡村振兴这项伟大的事业。

(三)文化振兴——努力打造留住乡愁的精神文化阵地

1.加强乡村文化的宣传教育

为了全面提升村民的思想境界,我们坚持以科学理论为指导,致力于实现村民精神层面的"富裕"。我们的目标是,通过广泛践行社会主义核心价值观,塑造新时代农村的新风貌。为此,我们将全面启动"三风"(文明乡风、良好家风、淳朴民风)宣传教育工程。作为乡风文明建设的核心力量,理事会将引领全体村民共同维护和弘扬社会主义核心价值观,促进乡风文明持续向好。此外,要组建文明劝导服务队,这是一支由热心村民组成的队伍,他们将走村串户,用实际行动倡导文明行为,促进邻里和谐。开设道德讲堂也很重要,要定期邀请道德模范和专家学者,分享感人故事,传授伦理道德知识,提升村民的道德修养。另外,还要利用公共空间,以图文并茂的形式展现社会主义核心价值观、乡规民约等内容,营造浓厚的文化氛围。在上述基础上,还要深入挖掘和传承优秀传统文化,创新乡村文化传播方式,如建设乡镇文化站、文化广场、农村文化礼堂、图书馆,丰富村民的精神文化生活,构建具有时代特色的农村文化体系。与此同时,可以进一步强化农村法治宣传教育,设立法律咨询点和法律讲堂,普及法律知识,增强村民的法治观念，让他们学会运用法律武器维护自身权益，为农村的经济发展和社会和谐稳定奠定坚实的法治基础。

2.注重乡村文化资源的开发包装

为了充分释放乡村文化的独特魅力，我们致力于深入挖掘和利用乡村文化特色资源，探索一条文化与经济双轮驱动的乡村振兴之路。

首先，我们将系统性地探寻乡村的历史文脉，精心梳理每一处文化遗产，无论是民间艺术、节庆习俗还是传统饮食，都是我们宝贵的精神财富。我们将加大普查力度，对这些文化资源进行详细记录和分类管理，同时，建立健全保护机制，确保每一份文化记忆得以妥善保存和传承。

其次，我们倡导"文化+"的融合创新，打破传统界限，将乡村文化与旅游、农业等行业紧密结合，开创多元化的发展模式。通过打造"全域旅游"和"创意旅游"等新兴业态，我们不仅能够激活乡村文化的生命力，还能实现其经济价值的最大化，让文化成为推动乡村经济发展的新引擎。

最后，我们将着力于乡村文化品牌的塑造。通过对乡村文化进行深入挖掘和精细筛选，尤其是红色文化、祠堂文化、家训文化和民族民俗文化等特色鲜明的文化，我们将进行高品质、有创意的品牌包装策划，使之成为代表地方特色的文化名片。这些文化品牌将成为吸引游客、提升乡村知名度的重要载体，进一步促进乡村文化的传播和传承。

3.促进乡村文化建设的多元投入

为了进一步推进乡村文化建设，我们应当进一步加大乡村文化建设的专项投入力度，确保文化建设有足够的资金支持。同时，我们还应不断增加农村公共文化服务的支出总量，以满足乡村群众日益增长的精神文化需求。在此基础上，应设立乡村文化建设专项基金，以更好地引导资金流向乡村文化建设领域。这将有助于打通公共文化建设的"最后一公里"，确保文化服务能够覆盖乡村的每个角落。在加大政府投入力度的同时，我们还应发挥政府投入的引导和杠杆效用，吸引更多的社会力量参与乡村文化建设。可以发起民间捐赠活动，鼓励社会各界人士为乡村文化建设贡献力量。同时，还应发挥非遗保护民间组织的作用，传承和弘扬乡村优秀传统文化。此外，我们还应鼓励村民自筹资金成立农民演出团队、建设农家书屋等。这些不仅可以丰富村民的精神文化生活，还可以成为乡村文化建设的重要载体。最后，为了充实乡村文化建设队伍，我们应鼓励热爱乡村文化的文化达人、大学生、退伍军人等加入。他们将为乡村文化建设注入新的活力和创意，推动乡村文化事业不断向前发展。

（四）生态振兴——积极构建乡村绿色宜居宜业家园

1.推行绿色生产方式

实现农业产业与资源环境的和谐共生，核心在于坚定不移地推行绿色生产方式，确保生态红线不可逾越。对此，要坚守生态底线，推动绿色转型，采用生态养殖技术，减少污染物排放，实现养殖业与环境的和谐共处；倡导使用高效、低毒、低残留的生物农药，减少对化学肥料的依赖，促进农业生产的生态化转型；优化农业生产结构，采用生态友好型生产技术，确保生产过程的清洁化，产出的产品无害化，实现农业的可持续发展；在农业发展中，始终将生态环境保护放在首位，确保绿水青山与金山银山并存，实现生态效益与经济效益的双赢；严格执行环保法规，对乡镇企业进行定期检查，确保其排放达标，对重点污染源实施严格监控，从源头上控制污染；对新建企业实行严格的环境影响评价制度，确保其符合绿色生产标准，从规划阶段就纳入环境保护考量；推进农业标准化，打造一批集种植、养殖、加工于一体的农业循环经济示范点，提升农业整体效益；加强无公害农产品、绿色食品、有机食品的生产基地建设，满足市场对高品质、健康食品的需求，推动农业向高附加值方向发展。

2.打造绿色居住环境

在乡村振兴战略中，优化农村居住环境是重中之重。对此，应将环保基础设施升级与新兴产业、创新模式深度融合，聚焦农村污水、垃圾处理及空气质量提高，确保生态与经济并行不悖。一方面，政府将加大资金支持力度，引导企业与社会力量共同参与，构建多元投入体系；另一方面，主动对接上级部门，争取更多专项补助，确保资金充足。通过精准施策，我们致力于打造宜居宜业的美丽乡村，实现环境与产业的和谐共生。

3.构建生态环境保护治理体系

为激励农村居民自主发展，充分调动农民在乡村振兴中的积极性，我们着重从教育、监管、补偿和管护四个维度入手，构建全方位的农村生态环境保护治理体系。

首先，通过丰富农村基础教育中的环境教育内容，运用体验式学习、多媒体教学等多元化教育形式，增强农民的环保意识，激发他们主动参与人居环境改善的热情，从规划、建设到管理，让农民全程参与，真正成为农村环境治理的主人。

其次，构建乡村生态环境监管体系，细化生态考核指标，使农村环境质量与政府政绩考核直接挂钩，形成强有力的激励与约束机制，确保各级政府切实履行生态保护职责。

再次，遵循"谁保护谁受益，谁使用谁付费"的原则，加速构建资源保护补偿政策体系，通过设立农村环境改善专项基金，对积极参与生态保护的农民给予合理补偿，促进绿色发展方式的普及。

最后，明确农村基础设施运营管护的补助标准，将其纳入各级财政预算，同时逐步引入农村资源使用和公共服务的合理收费机制，确保基础设施的长期稳定运作，提升农村公共服务水平。

第三章

体育赋能乡村振兴的价值体现

在乡村振兴的伟大征程中,乡村体育的振兴是推动乡村振兴的强大引擎。我们必须全力以赴,大力提升乡村体育的发展水平,深度挖掘其在乡村振兴中的多元功能,让乡村体育的高质量发展成为产业融合的催化剂、精神富裕的源泉、生态文明的守护者、文化传统的传承者以及社会治理的有效助力,从而早日实现乡村振兴的美好愿景。本章主要对体育赋能乡村振兴的价值进行分析,首先说明体育是乡村振兴的新引擎,然后分别审视体育巩固乡村脱贫攻坚成果的价值和助力乡村振兴的重要价值。

第一节 体育：乡村振兴的新引擎

一、乡村体育活动是乡村振兴的超级能量载体

在现代城市经济发展中，节庆活动与现代会展业犹如双轮驱动，不仅激发了经济的活力，更塑造了一种独特的现代服务业形态。它们通过汇聚人流，激活消费市场，推广地方品牌，扩大文化的辐射范围，展现出强大的经济价值与社会价值。尤其是一系列赛事活动，以其独特的魅力融合了文化、体育、经济与商业元素，成为了推动城市发展的新引擎，深受各界推崇。乡村振兴，是一项涵盖产业、人才、文化、生态、组织等多维度的全面振兴工程。其中，以体育为代表的文化建设扮演着举足轻重的角色。例如，"村BA""村超"等群众性体育赛事，不仅深受当地民众喜爱，成为全民健身的重要组成部分，更在潜移默化中彰显了体育的多元功能。它们不仅提升了村民的身体素质，增强了社区凝聚力，还促进了地方经济的繁荣，成为推动县域乡村振兴、实现共同富裕的超级能量平台，展现了体育在乡村振兴中的独特价值。这些活动如同一股清风，吹拂过乡村的每一个角落，为乡村振兴注入了新的生机与活力。

首先，在乡村振兴中，村民的创造力和主体地位很受重视，乡村体育赛事的特色在于其以村民为中心，充分尊重并激发民众的创新精神。政府的角色则是提供坚实的支持，确保赛事的顺利进行和公众的安全，这体现了村民主体与政府支持之间的协作。乡村体育活动的公益本质是其魅力所在，即便赛事规模宏大、气氛热烈，也始终保持非营利的初衷，这正是乡村体育赛事得以深深植根于民众心中的关键。这种对公益属性的坚守，保证了体育活动的纯粹性和广泛参与度。无论是本地参赛者、观赛的乡亲还是远道而来的游客，都能在无差别、无门槛的竞技舞台上找到归属感，共享运动带来的快乐与激情。乡村体育赛事不仅仅是一场场比赛，它更像一场全民参与的庆典，为所有参与者搭建了一个展现自我、增进交流的平台。这种全民参与的盛

事，不仅促进了村民的身心健康，也增强了社区的凝聚力，为乡村振兴注入了活力。

其次，乡村体育运动在促进文化创新与传承方面扮演着至关重要的角色，它不仅是健康生活的"倡导者"，更是乡村文化振兴的催化剂。基于体育活动的公益性质，乡村能够有效利用体育这一载体，挖掘和放大其经济与社会价值。乡村社会的核心在于人，而乡村文化则是维系人心、凝聚社区的纽带。以贵州为例，这片土地上蕴藏着丰富多元的民族文化和传统艺术，在现代社会中赋予它们新的生命，使其与当代生活紧密相连，成为了新时代贵州乡村文化建设的重要课题。乡村体育赛事，如篮球和足球比赛，成为了展现和传承文化遗产的理想平台。在赛事期间，侗族大歌、侗族琵琶歌、苗族芦笙舞等民族特色表演融入其中，不仅增添了比赛的观赏性和文化内涵，也让参与其中的各族群众有机会展示自己的文化自信与精神风貌。这种将传统文化与现代流行元素相结合的方式，实现了传统文化资源的现代化和时尚化转型，展现了乡村文化的活力与魅力。举办乡村体育活动，不仅满足了当地居民对于精神文化生活的需求，还为他们提供了一个创新创造的舞台。这种融合了体育、文化与社区参与的模式，极大地提升了乡村体育的感染力、吸引力和生命力，为乡村振兴战略的实施开辟了新的路径，注入了源源不断的动力。

最后，乡村体育活动的经济效应，为乡村经济的多元化发展提供了强大动能。这类活动往往能吸引大量的参与者和观众，形成可观的人流聚集，进而刺激餐饮、住宿、文化娱乐等服务业的消费需求，为乡村经济注入新鲜血液。因此，管理者应积极规划，充分利用乡村体育活动的长链条效应和强大的经济功能，充分发挥其对乡村经济的正面作用。乡村体育活动不仅能促进体育事业的发展，还能带动农业、旅游、文化等相关产业的繁荣，形成"体育+"的综合发展模式，为乡村经济全面振兴和农民共同富裕探索出一条独具中国特色的道路。

二、体育助力乡村振兴的新模式——"体育+"

近年来,随着国家对农业农村工作的高度重视,乡村体育的发展日益受到社会各界的关注,其在乡村振兴战略中的地位与作用愈发凸显。实践表明,乡村体育正逐步融入乡村振兴的宏伟蓝图之中,成为推动乡村全面振兴的重要力量。"体育+"模式的推广与应用,为乡村的全面发展注入了新的活力。全国各地因地制宜,充分发挥各自区域特色与优势,成功打造了一系列体育强县、体育强村、体育休闲小镇等示范区,这些示范区不仅带动了乡村体育基础设施建设,还极大调动了农民参与体育活动的热情,使健康生活方式深入人心。与此同时,与体育相关的新兴产业在乡村地区如雨后春笋般涌现,促进了体育与农业、旅游、文化等产业的深度融合,为乡村经济的多元化发展开辟了新路径。乡村体育的发展,不仅促进了乡村文明建设,还对生态发展和社会治理产生了积极影响。通过充分利用乡村自然生态资源和深厚的人文底蕴,乡村体育活动不仅丰富了农民的精神文化生活,还推动了生态环境保护和文化遗产传承,提升了乡村的社会凝聚力和治理效能。

(一)体育+产业

"体育+产业"强调以体育为核心驱动力,通过营利性运作,将乡村的特色地域资源转化为经济资产,同时融入乡村文化,以此推动乡村产业结构的优化升级和产业融合。这一模式旨在精准对接乡村居民的体育需求,提供多样化、高质量的体育服务和产品,有效缓解了乡村体育公共服务供给不足与村民日益增长的体育需求之间的矛盾。通过在乡村地区布局"体育+产业"项目,可以引导更多社会资本和优质服务进入乡村,为乡村居民提供更多元化的体育选择。这不仅有助于提升乡村体育服务水平,还能激发乡村经济的内生动力,推动乡村体育消费市场的培育和壮大,加速农村产业结构的转型升级。此外,乡村体育服务和产品的丰富与发展,将有力支撑体育强国战略和全民健身战略在乡村层面的落实。

（二）体育+文化

乡村文化，作为人类与自然长期共生的智慧结晶，承载着深厚的历史记忆，是乡村社会的灵魂所在。"体育+文化"模式，就是在乡村特定的地理和文化背景下，将现代体育与传统民俗体育活动有机融合，使之与乡村的物质文化、制度文化和精神文化相辅相成，形成的一种独特的文化共生体系。这种模式通过体育活动的开展，不仅丰富了乡村的文化生活，还潜移默化地促进了乡村社会文明的进步。体育活动，尤其是那些富有地方特色的民俗体育，能够在无形中传播乡村的价值观念和行为规范，形成健康向上的民俗民风。这对于乡村文明的健康发展至关重要，它能够提升村民的身心健康水平，培养积极向上的生活态度，促进个体之间的和谐共处。通过体育活动，村民不仅能够享受到运动的乐趣，还能在参与过程中形成良好的生活习惯，树立正确的价值观，增强对乡村文化的认同感和归属感。

此外，体育活动还能够激发村民的社区参与意识，鼓励他们积极参与乡村治理，加强邻里间的沟通与协作，从而促进乡风文明和乡村治理的良性循环。

（三）体育+公共服务

相比于城市，乡村地区由于经济基础相对薄弱，体育公共服务的供给长期以来存在较大缺口，这是乡村体育发展的一大瓶颈。然而，随着近年来农村经济的快速发展和国家乡村振兴战略的大力推进，乡村体育公共服务供给状况得到了显著改善。国家政策的倾斜和支持，不仅加大了对乡村体育设施建设的投入力度，还促进了体育服务的普及和优化，为乡村体育事业的发展奠定了坚实的物质基础。政府对乡村体育公共服务的投资不仅直接推动了体育产业的成长，还促进了乡村经济的多元化发展。体育设施的完善使更多的体育活动和赛事在乡村举办，带动了乡村旅游、餐饮、住宿等相关产业的兴起，为乡村创造了新的经济增长点。同时，体育活动的开展也有助于优化乡村生态环境，提升居住环境质量，推动乡村生态文明建设，为乡村居民提供更加宜居的生活环境。更重要的是，乡村体育公共服务的发展对乡村社会的软实力提升起到了积极促进作用。良好的体育公共服务能够丰富乡村居民的精神文化生活，促进健康生活方式的形成，有助于树立积极向上的社会风气。体育活动的普及还能增强村民的法律意识和道德观念，促进乡村法治建设和平安乡村建设，为乡村的物质文明和精神文明建设提供有力支撑。

（四）体育+生态旅游

随着乡村振兴战略的深入实施，乡村凭借其独特的生态景观和丰富的文化遗产，正在旅游领域展现出前所未有的吸引力，成为旅游的热门目的地。体育生态旅游，作为体育与旅游跨界融合的产物，正成为引领乡村发展的一股强劲动力。这种旅游形式强调在保护生态环境的基础上，提升乡村生活质量，实现生态宜居的愿景。"体育+生态旅游"模式通过体育活动与自然环境的紧密结合，不仅能够吸引城市居民前来体验田园风光，享受户外运动的乐趣，还能促进当地经济的多元化发展。乡村体育旅游的兴起，为农民提供了较多的就业机会，无论是参与体育赛事的组织，还是从事相关服务行业，如住宿、餐饮、导览等，都极大地丰富了乡村的经济业态，为乡村居民开辟了更多收入渠道。此外，乡村体育生态旅游的发展还促进了乡村基础设施的完善，如道路、通信网络、体育设施的建设和升级，这些配套设施的完善不仅提升了游客的体验感，也为乡村居民的生活带来了便利，加快了乡村的现代化进程。同时，体育旅游的热潮还激发了乡村产业创新的活力，促使传统农业向休闲农业、体验农业等新业态转变，实现了乡村产业的结构升级与转型优化。

（五）体育+特色小镇

依托独特的区域资源，许多乡村正在采取"政府主导、市场运作、活动支撑"的发展战略，通过政府资金的投入、私营资本的引入或是公私合营的合作模式，致力于打造以体育为特色的示范区域。这种模式不仅激发了乡村的内在潜力，还促进了体育与乡村发展的深度融合，成为体育助力乡村振兴的重要实践。

近年来，体育特色小镇、体育强村（镇）、生态体育公园等项目的涌现，正是体育元素与乡村振兴结合的生动案例。这些特色区域的建设，遵循着精心设计的发展规划，将体育元素系统性地融入乡村的整体布局中，为乡村的长远发展注入了体育特色与活力。在此过程中，乡村原有的地域风格、历史人文特质得以完整保存并进一步强化，体育与乡村的融合不仅促进了产业链的完善，还推动了体育与其他行业的协同发展。每一处特色体育区域都立足于自身的资源优势，依托政府政策的引导与资本的大力投入，共同拓展了体育产业的发展空间，深化了产业内涵。

三、充分发挥体育引擎功效的思考

发展农民体育，不仅是乡村振兴战略的重要组成部分，也是实现体育强国和健康中国战略目标的关键环节。自党的十八大以来，我国乡村体育事业取得了显著进展，农村体育设施的建设得到了持续加强，体育活动的普及率不断提高，特别是在"村BA""村界杯"等现象级赛事的带动下，乡村体育的影响力和吸引力达到了前所未有的高度。这些体育活动不仅丰富了农民的精神文化生活，还与乡村特色产业、电商直播、休闲旅游等多领域深度融合，成为推动乡村振兴的新动力，为乡村带来了实实在在的经济效益和文化效益。

2023年，由国家体育总局等多部门联合发布的《关于推进体育助力乡村振兴工作的指导意见》（以下简称《意见》）立足于目标导向、问题导向和实践导向，强调了体育在乡村公共服务、产业振兴、人才振兴、文化振兴、生态振兴和组织振兴等方面的具体作用，旨在通过体育的力量，促进乡村全面振兴。具体来说，要以体育为杠杆，撬动乡村公共服务的均衡发展，让农村基础设施更加完善，服务更加均等；以体育为引擎，推动农业产业升级，让农业与体育、旅游、文化等产业深度融合，提升农业附加值；以体育为桥梁，吸引和培养乡村体育人才，促进乡村智力资源的流动与集聚；以体育为载体，传承和弘扬乡村优秀文化，丰富乡村文化生活，塑造健康向上的乡风文明；以体育为纽带，推动乡村生态环境保护，形成绿色低碳的乡村生活方式；以体育为平台，加强乡村基层组织建设，提升乡村治理效能。通过《意见》的实施，体育将不再仅仅是乡村生活的点缀，而是成为推动乡村全面振兴、实现农民全面发展的重要力量。

要充分发挥体育赋能乡村振兴的引擎功效，就要从以下几方面努力。

首先，培养农村居民健康与积极向上的生活方式。为了培养农村居民健康、积极向上的生活方式，有必要在农村地区广泛开展以"体育健身设施、体育健身指导、体育知识宣传"为核心的系列活动。通过综合利用广播、电视、新媒体等多种媒介渠道，构建全方位、多层次的信息传播网络，实现信息的全覆盖。采用农民易于接受的方式普及科学健身知识和健身文化，讲述农民身边的体育故事，营造浓厚的全民健身氛围，激发农民参与体育活动的兴趣和热情，增强他们的科学健身意识和绿色健康理念。同时，建立一支专业化的农村社区体育指导员队伍是提升农民科学健身水平的关键。通过系统的培训和考核，培养一批数量充足、业务熟练的社区体育指导员，他们将成为农民身边的健身教练，负责组织农民进行体育锻炼，并为不同年龄、性别、健康状况的农民提供个性化的健身指导，帮助他们科学、安全、有效地参与体育活动，避免运动伤害，提升运动效果。

其次，加强各项体育基础设施建设。为了确保乡村体育工作的顺利开展和持续发展，有关部门将充分利用现有的资金渠道，提供必要的财政支持。这包括设立专项基金、优化资金分配结构，确保乡村体育项目获得充足的财政拨款，特别是对于那些具有重大社会意义、能够助力乡村振兴的项目，将给予优先考虑和重点支持。同时，鼓励金融机构依法合规地加大对体育助力乡村振兴工作的金融支持力度，为符合条件的项目提供贷款、担保、贴息等金融服务，降低融资成本，拓宽融资渠道。值得注意的是，地方政府专项债券将成为支持体育助力乡村振兴项目的重要资金来源，符合条件的项目将被优先纳入地方政府专项债券发行计划，确保资金及时到位和有效使用。县级以上地方政府应当承担起发展乡村体育的主要责任，根据本地乡村经济社会发展水平和体育工作实际需求，合理安排预算，确保对乡村体育发展的投入力度与乡村经济社会发展水平相匹配，为乡村体育设施的建设和维护、体育活动的组织和推广、体育人才的培养和引进等提供必要的经费保障。此外，积极鼓励和引导社会力量参与乡村体育事业，通过建立多元化的筹资机制，广泛吸纳企业赞助、社会捐赠、基金会资助、团体和个人会费等非政府资金，形成政府引导、市场运作、社会参与的乡村体育发展新格局。这不仅能够弥补政府资金的不足，还能够吸引社会各界对乡村体育事业的关注和支持，促进乡村体育的可持续发展。

最后，加强乡村健身组织网络建设。为了构建一个健全的乡村健身组织体系，体育、教育、财政、文旅、卫生健康等部门须紧密合作，形成合力，共同推进体育在乡村的普及和发展。在这个体系中，体育部门负责协调各方资源，制订发展规划，监督和指导各项体育活动的开展。体育协会负责具体项目的策划、组织和执行，确保体育活动的顺利进行。健身队伍和健身骨干则是这一网络的基石，他们直接服务于广大村民，通过组织日常健身活动，传授健身技能，增强村民的健康意识和体质。为了提高乡村健身组织网络的影响力和吸引力，充分利用体育明星的号召力和示范效应至关重要。体育明星的参与，不仅能够提升大众对体育活动的关注度，还能激发村民的参与热情，促进健康生活方式的形成。

第二节　体育巩固乡村脱贫攻坚成果的价值审视

近年来，体育在中国社会发展中扮演着重要的角色，其影响力跨越了体育竞技的范畴，延伸至经济、教育、文化、健康等多个领域。全民健身、体育强国等战略的提出与实践，反映了体育在国家战略层面地位的提升，以及体育与社会各领域的深度融合。2020年底，中国获得脱贫攻坚战的全面胜利，这是中国特色社会主义道路取得的又一重大成就。在这一过程中，体育展现出独特的价值和潜力，成为推动脱贫攻坚的重要力量。

一、增加农民的健康财富、精神财富和知识财富

2022年中央"一号文件"再次强调了防止规模性返贫的重要性，这表明在脱贫攻坚取得全面胜利之后，巩固和拓展脱贫攻坚成果，防止因各种原因导致的大规模返贫，成为了乡村振兴中的关键任务。体育在这一过程中发挥着独特且直接的作用，其最显著的贡献在于满足村民健康生活的需要，主要体现在以下三个方面。

（一）用体育精神提高思想境界，增加精神财富

体育精神与民族精神的紧密相连，是中国体育发展的鲜明特征。近代以来，体育就被赋予了强身健体、抵御外侮的历史使命，成为了民族觉醒与复兴的重要象征。进入新时代，体育的使命更加重大，不仅要继续承担增强国民体质、提升国家形象的责任，更要为中华民族的伟大复兴贡献独特的力量和智慧。在巩固脱贫攻坚成果的过程中，体育精神的弘扬与传播，为乡村注入了强大的精神动力。体育自信自强、敢为人先的奋斗精神，激励着村民面对困难不退缩，勇于开拓进取，追求美好生活。这种精神的传递，不仅提升了村民的自我发展能力，还激发了乡村的内生动力，为乡村振兴提供了源源不断的动力。守望相助、团结协作的集体主义精神，促进了乡村社会的和谐与稳定，为巩固脱贫攻坚成果注入了强大的精神力量。

（二）用体育功能促进身心健康，增加健康财富

体育，作为一种旨在提升身心健康水平的社会文化活动，其核心价值在于通过有目的、有计划的运动锻炼，促进人的生理和心理全面发展。近年来，特别是在脱贫攻坚的关键时期，国家在乡村地区投入大量资源，建设了一大批体育场地和健身设施，为村民提供了便捷的运动条件。这些设施的建设和完善，不仅丰富了乡村的文体活动，也极大地增强了村民的健康意识和锻炼意识。实践证明，体育是一种高效的、无污染的"绿色财富"，它不需

要大量资金的投入，却能够带来巨大的健康回报。定期参与体育活动的村民，其身体素质明显提高，心理状态也更加积极乐观，这为他们应对生活中的各种挑战奠定了坚实的身体和心理基础。尤其是在脱贫攻坚取得决定性胜利后，体育在巩固脱贫成果，防止因病返贫方面发挥了重要作用。

（三）用体育教育丰富科学智慧，增加知识财富

从扶贫到脱贫，再到乡村振兴，这一连贯的过程不仅仅是经济指标的完善，更是一场涉及思想观念、教育、文化传承等多维度的社会变革。在这个过程中，培养村民的"志气"与"智慧"显得尤为关键。这里的"志气"指的是村民追求美好生活、积极向上的精神状态；而"智慧"则涵盖了科学知识、创新能力以及对传统文化的理解与尊重。体育文化和体育教育在这一过程中扮演着不可替代的角色。它们不仅能够强身健体，更能够在潜移默化中提升村民的科学智慧，激发其内在潜能，全面提升村民的综合素养，为助力乡村振兴贡献体育智慧。

二、突破地域空间限制，助推区域发展

从"乡村"视角解决"农村"问题，意味着突破传统的农村地域空间限制，探索一种更加开放、包容的发展模式。体育路径在乡村振兴中展现出的独特魅力，它能够摆脱固有的空间束缚，推动区域经济联动发展。在政策扶持和资本注入的双重驱动下，全国各地涌现出一批风格各异、特色鲜明的体育小镇，它们如同种子般在乡村土地上生根发芽，逐渐成为区域经济的亮丽风景线，引起了社会的广泛关注。这些体育小镇在空间布局上打破了原有行政区划的局限，通过整合周边的文旅、体育、生态等资源，形成了跨界的产业综合体。它们以体育产业为核心，融合文化旅游、健康养生、休闲娱乐等多元业态，创造出独特的产业生态系统。这样的发展模式不仅提升了乡村资源的利用效率，还促进了乡村产业的升级转型，为乡村经济发展注入了新的

活力。体育小镇建设的成功，不仅在于它们创造了新的经济增长点，更重要的是，它们为乡村资源整合和区域规模生产提供了有力抓手。

乡村地区因其丰富的自然景观、文化遗产和生态多样性，具有巨大的旅游开发潜力。国家旅游局和体育总局在2016年提出的大力发展体育旅游的战略，正是为了充分利用这些未被充分开发的资源，满足现代人追求健康生活方式和体验式旅游的需求。体育旅游，尤其是像自行车赛和马拉松这样长距离、大规模的活动，因其广泛的覆盖范围和对组织协调的高要求，成为了推动乡村地区跨域治理和乡村振兴的有效工具。体育赛事，尤其是那些跨越多个乡镇的大型赛事，对地方治理提出了挑战，同时也带来了机遇。赛事的筹备和举办涉及多个方面，包括安全、交通、住宿、餐饮以及紧急医疗服务等，这要求地方政府、社会组织、企业以及社区居民之间紧密合作。在这一过程中，乡村地区的治理结构和机制得到了优化，促进了治理能力的提升。此外，体育旅游的发展，尤其是当它与乡村振兴战略相结合时，可以成为推动乡村治理现代化的催化剂。现代化的乡村治理不仅要求有效的行政管理，还需要建立以市场为导向、以社区为基础、以公众参与为核心的治理模式。体育旅游通过吸引外部投资、促进本地就业、加强基础设施建设和增强社区凝聚力等方式，为乡村治理现代化提供了实践路径。

三、推动核心项目扶持，实现重点突破

尽管脱贫攻坚战已经取得了全面胜利，乡村地区在基础设施、公共服务等方面有了显著改善，但在乡村振兴的道路上，依然面临着资金短缺、人才流失、项目缺乏等多重挑战。体育扶贫的经验和地方实践表明，体育路径可以为乡村振兴工作提供新的突破口，尤其在竞技体育赛事的带动下，能够成为推动区域发展的强劲动力。

引入竞技体育赛事，是政府职能部门助力乡村发展的创新之举。短期内，赛事能迅速带动地方建设，刺激经济，提升居民收入水平，达到立竿见

影的帮扶效果。长期视角下，赛事培育的无形资产和资源禀赋，如品牌效应、组织经验等，通过赞助与运营吸引资金注入，构建乡村可持续发展模式。成功案例还能成为区域发展的标杆，激发周边乡村效仿，发挥示范引领作用。竞技体育赛事，由此成为乡村项目扶持与重点突破的关键，推动乡村经济与社会的全面振兴。

四、增强要素双向流动，推进城乡融合

城乡二元发展的根源在于长期以来形成的城乡资源要素单向流动机制，即资源、人才和资本主要从农村向城市集中，这种不平衡导致了乡村的"空心化"现象和城乡发展差距的扩大。乡村振兴战略的实施，旨在通过增加政策和资本供给，打破这种单向流动的格局，促进城乡资源要素的双向流动，形成城乡融合发展的新态势。生态体育，尤其是体育旅游和体育养生等领域的发展，正在成为这一转变的关键推手。乡村地区以其独特的自然资源和人文生态为依托，发展生态体育产业，不仅吸引了城市居民前来体验自然风光、参与户外运动，还激发了部分城市人群迁居乡村的兴趣，出现了所谓的"城市绅士化"现象，即城市居民被乡村的自然美和宁静生活吸引，选择在乡村居住或度假，这反过来促进了乡村经济活力的提升。人口的双向流动，即城市居民向乡村的迁移以及乡村人才的回流，是生态体育推动城乡融合发展的直观表现。这种流动不仅带来了新鲜血液和创新思维，还伴随着资本、技术和市场的双向流动，为乡村注入了新的发展动力。乡村地区通过发展生态体育产业，能够吸引外部投资，增加本地就业机会，改善基础设施条件，促进服务业发展，进而形成可持续发展的良性循环。资源的双向流动与人口的双向流动相辅相成，共同驱动了城乡融合。城市向乡村输送资金、技术、信息和人才，而乡村则以其独特的生态产品和服务回馈城市，这种互动不仅促进了资源的优化配置，还促进了城乡之间的和优势互补，为构建新型城乡关系奠定了基础。生态体育作为实现城乡资源双向流动的"敲门砖"，其发展不仅提升了乡村的吸引力和竞争力，还促进了城乡之间更加均衡、和谐发展。

第三节 体育助力乡村振兴的重要价值体现

一、体育的一般价值

体育，作为人类社会文化的重要组成部分，承载着丰富而深刻的价值与功能，与人类的生存、发展和享受需求紧密相连。体育价值与功能的体现，既是个体层面的，也是群体层面的；既关乎生理健康，也涉及心理健康和社会福祉。党的十八大以来，我国对体育事业的重视程度不断提升，体育的功能和价值得到了更加深入的挖掘与全面的展现。体育是提高人民健康水平的重要途径，是满足人民群众对美好生活向往、促进个体全面发展的重要手段，是促进经济社会发展的重要动力，是展示国家文化软实力的重要平台，"四个重要"从物质到精神，从个人到国家，全方位地阐述了体育在现代社会中的核心地位和深远意义。体育不仅关乎个人健康与快乐，更是国家富强、民族振兴、人民幸福和人类文明进步的重要推动力量，我们要从国家富强、民族振兴、人民幸福、人类文明进步的高度深刻认识现代社会中体育的重要价值。

（一）体育是保障人类身心健康的有效活动方式

"发展体育运动，增强人民体质"这一方针，自毛泽东同志于1952年首次提出以来，一直是中国体育工作的重要指导思想。体育运动不仅仅是一项简单的身体锻炼活动，它承载着提升国民健康水平、促进社会和谐与进步的重要使命。在全面建设社会主义现代化国家的进程中，人民的身心健康被置于前所未有的高度，因为它是实现国家发展目标、提升国民生活质量的基石。体育运动对于个人而言，是保持身体健康、增强免疫力、预防疾病的有效方式。在更广阔的社会层面，体育运动对建设健康中国、和谐社会具有不可替代的作用。健康的身体就像一棵大树的根基，是个人成长和发展的起点。没有健康的身体，任何精神追求、物质财富的积累都将失去意义。

（二）体育是推进社会进步和精神文明建设的事业

自党的十八大以来，党和国家对体育事业给予了前所未有的关注与支持，与时俱进地规划与布局体育发展蓝图，为我国体育事业的蓬勃发展奠定了坚实的政治基石。我们深知，体育兴则国力盛，国力盛则体育兴，因此，在这个崭新的时代背景下，全面实施体育发展政策，全方位推进体育事业的升级，不仅是实现中华民族伟大复兴中国梦的重要组成部分，更是彰显国家软实力、提升全民健康素质的关键举措。体育，作为国家文化软实力的重要体现，不仅能够强健国民的体魄，更能激发民族的斗志。在追求中国式现代化的道路上，体育精神犹如灯塔，引领着人们砥砺前行，凝聚起磅礴的精神动力。回顾历史，尤其是在近现代史上，体育的作用愈发凸显。它不仅能强健一个民族的身体，更能提振其精神，培养坚韧不拔的意志品质。因此，我们应当大力弘扬中华体育精神，倡导公平竞赛、尊重规则的体育道德，促进全民健身与竞技体育、体育产业三者之间的协同发展。未来，体育强国建设将成为推动经济社会全面发展的重要引擎。通过加快体育事业发展，我们不仅能够提高民众的生活质量，还能充分发挥体育在促进经济增长、社会稳定方面的积极作用。

（三）体育是优秀中华传统文化的组成部分

体育文化，这一源自人类生存与进步需求的瑰宝，集物质、精神与制度文化于一体，构成了丰富多彩的社会文化图谱。尤其值得一提的是，植根于华夏文明沃土的民族传统体育，承载着深厚的历史积淀与文化韵味，其独特的魅力穿越时空，历久弥新。体育文化作为社会主义文化体系中不可或缺的一部分，在推动社会进步、增强民族凝聚力等方面扮演着举足轻重的角色。体育，作为一种跨越语言与地域界限的全球性语言，其内在的文化属性赋予了体育事业持续发展的不竭动力。奥运会，这一历经百年的体育盛事，正是体育文化代代相传、生生不息的最佳例证。它不仅是一场体育竞技的盛会，更是一场全球性的文化交流与融合的盛宴，展示了人类对和平、友谊与公平竞争的永恒追求。

在当今世界，提升国家文化软实力已成为国际竞争的新焦点。体育，凭借其广泛的影响力与感召力，成为了展现国家文化软实力、促进民心相通的重要桥梁。在迈向"两个一百年"奋斗目标、实现中华民族伟大复兴中国梦的征程中，体育不仅是强身健体、增进人民福祉的有效途径，更是塑造国家形象、传播中华文化、增强文化自信的有力载体。

（四）体育是绿色健康持续发展的阳光产业

体育产业作为现代经济社会中一个重要的组成部分，其涵盖的范围广泛，体育产业的兴起与壮大，不仅促进了体育本身的发展，也带动了相关行业的经济增长，成为推动社会经济高质量发展、提升民众生活质量的重要力量。体育事业与体育产业虽有交集，但侧重点有所不同。体育事业更多地关注于公共服务和公共利益，比如普及体育知识、推广全民健身、培养青少年体育兴趣等，其目标在于增强国民体质、促进社会和谐稳定，具有公益性和非营利性。而体育产业则侧重于市场化运作，追求经济效益，通过提供多样化的体育产品和服务来满足消费者的需求，从而实现商业价值。在体育强国建设的框架下，体育事业与体育产业相辅相成。体育事业确保了体育的普及，为体育产业的发展提供了良好的社会环境和广泛的市场需求；而体育产业的发展，则能反哺体育事业，通过增加投资、改善设施条件、提高服务水平等方式，推动体育事业的现代化和专业化发展。体育产业是体育强国建设的关键环节之一。这意味着，不仅要提升竞技体育的竞争力，提升全民体育参与度，还要大力发展体育产业，使之成为经济增长的新引擎。近年来，随着国家对体育产业政策的不断优化，公众对健康生活方式的不懈追求以及体育消费需求的多样化，体育产业迎来了前所未有的发展机遇，成为推动经济结构转型、促进消费升级、增强国家文化软实力的重要领域。

二、体育在乡村振兴中的重要价值

体育在推进经济社会持续、健康、全面发展中的作用得到了广泛的认可。作为一种特殊的社会文化现象和现代产业活动,体育不仅能够促进个人身心健康,增强社会凝聚力,还能够在经济、社会、文化等多个层面产生深远影响。在实施乡村振兴战略的大背景下,体育的独特优势和作用得以进一步彰显,为实现"产业兴旺、生态宜居、乡风文明、治理有效、生活富裕"的战略目标提供了新的路径和可能。

(一)打造乡村特色品牌,促进产业兴旺

乡村振兴战略的核心在于产业兴旺,这是乡村发展的基石,产业体系的健全直接关系到农民收入的增长。体育产业,作为朝阳产业,具有极强的参与性和体验性,通过在乡村地区精准布局,不仅能吸引周边乃至更远区域的人群进行消费,为乡村引入持续的"流量",还能有效促进当地产业和文化的双重发展,助力乡村依托自身独特的自然资源、人文魅力和旅游吸引力,塑造独具特色的本土品牌。

一方面,体育产业的融入有助于构建乡村休闲经济链。遵循"体育+"的创新思路,充分利用乡村的自然地理优势和气候条件,精心设计体育旅游路线,积极开发具有地方特色的体育赛事,从农业生产到农产品加工、餐饮服务、休闲观光,构建一条完整的产业链条。这样的发展模式,不仅极大地提升了乡村经济的附加值,也为乡村振兴战略的实施创造了显著的经济效益和社会价值。另一方面,体育媒介的应用加快了农业现代化的步伐。体育活动作为乡村与外界沟通的桥梁,能够显著提升乡村特色农产品的知名度和市场影响力。借助体育赛事的宣传效应,乡村农产品得以更广泛地展示在大众面前,推动农业向市场导向型、规模化生产和品牌化经营转变,为农业现代化建设注入强劲动力。

（二）提升绿色生态效益，促进生态宜居

自党的十八大以来，习近平总书记屡次强调"绿水青山就是金山银山"的理念，明确指出经济发展不应以牺牲生态环境为代价，倡导绿色、可持续的发展路径。体育，作为一种绿色的投资形式，对环境产生正面影响，其在农村的发展，对于增加农村居民的福祉、推动乡村可持续发展具有不可忽视的作用。一方面，体育设施的建设是改善乡村居住环境、提升生活质量的关键一环。在严格遵循生态保护原则的前提下，将体育设施巧妙地融入乡村的自然景观中，既满足了人们追求健康生活方式的需求，也传递了绿色、环保的理念。这种做法不仅丰富了村民的业余生活，还促进了健康常识的普及，使得乡村成为充满活力与生机的美好家园。另一方面，体育产业的成长是乡村绿色经济体系构建的强劲推手。体育产业因其绿色、无污染的特点，与经济、文化、生态的协同发展高度契合，其发展能够带动乡村环境美化、基础设施完善及村民环保意识的增强，进而激发乡村生态振兴的内生动力。

（三）增加有效文化供给，实现乡风文明

乡村振兴战略不仅注重提升乡村的物质生活水平，更强调精神文明的繁荣兴盛，而民俗体育的推广与实践，在这一进程中扮演着至关重要的角色。民俗体育不仅丰富了乡村的文化服务供给，促进了传统文化的活态传承，还为乡村振兴战略的深入实施奠定了坚实的文化自信基础。

第一，弘扬体育精神，提升农民综合素质。体育，作为一种全方位促进个体发展的活动，涵盖了身体、精神、社会等多重维度的提升。在乡村，通过完善体育基础设施，举办多样化的体育赛事，以及培训社会体育指导员，不仅能够增强农民的体质，还能潜移默化地传递体育所蕴含的公平竞争、团队协作、坚持不懈等现代价值观念。体育活动的普及，让村民在参与中受到体育精神的熏陶，塑造积极向上的人生观和价值观，从而全面提升农民的综合素质。

第二，体育活动，特别是那些需要团队合作的传统民族体育项目，如拔

河、蹴鞠等，为乡村社会网络的构建提供了天然的平台。通过体育赛事和日常训练，不仅能够增加邻里间的了解与信任，还能增强集体荣誉感和归属感。体育活动的持续性和参与性，让村民在共同的兴趣爱好中建立起深厚的友谊，促进了乡村社会的和谐稳定，推动了乡村文明的进步。

第三，我国丰富的民俗体育文化，是乡村文化宝库中的瑰宝。通过挖掘和利用这些宝贵的民俗体育资源，不仅能够有效保护和传承非物质文化遗产，还能为乡村的文旅融合发展提供新动力。例如，云南大理白族自治州的三月街民族节，通过结合风筝、赛马、舞龙、舞狮等传统体育项目，不仅吸引了大量游客，增强了节庆的互动性和趣味性，还为白族情歌、大理古乐、佛教文物展览等文化活动吸引了人流，促进了当地文化的传播和传承。

（四）丰富乡村文化元素，实现治理有效

随着健康中国和全民健身等国家战略的深入实施，乡村居民的健康意识显著增强，体育运动逐渐成为乡村日常生活的一部分。晚饭后的广场舞、篮球场上的趣味比赛、花式毽球、简易羽毛球等活动，不仅增强了村民的体质，还促进了邻里之间的交流，形成了生动和谐的乡村风尚，丰富了乡村文化内涵，提升了乡村社会的凝聚力和向心力。

通过体育活动的开展，政府能够更有效地传达其治理乡村的意图，促进乡村居民对政府政策的理解和支持。体育活动的组织过程，实际上也是一个乡村自治能力的培养过程，有助于形成乡村自治所需的规则和规范。这种政府引导与乡村自治相结合的治理模式，为实现乡村治理有效提供了新的路径和方法。

（五）畅通生产要素流动，实现生活富裕

在乡村振兴时代背景下，借助体育推动资本、人才、技术等生产要素在城乡之间自由流动，有助于经济资源在城乡之间的优化配置。

第一，体育消费的广泛覆盖特性凸显了体育产业的全民参与度。从青少年的体育培训，到中青年的休闲健身，再到中老年的养生保健，体育产业的服务与产品触及各年龄层，形成稳固的市场基础。这一广泛的受众基础不仅激发了社会资本的浓厚兴趣，促使资金源源不断流入，还鼓舞了众多精英回归故里，投身体育创业，共同推动产业繁荣。

第二，体育产业展现出卓越的跨界整合潜力。它与旅游、健康、餐饮等领域紧密结合，孕育出融合农村风情的创新业态，如特色体育小镇、健康度假村等。这些综合性的运动休闲项目，构建起完整的产业链，激发连锁反应，吸引周边资源汇聚，形成规模效应，显著提升地区经济活力和投资吸引力，开辟了农村经济新增长点。

第三，人们养成的体育消费习惯展现出强大的持久吸引力。体育活动，作为健康生活方式的核心，无论是在竞技场上的热血拼搏，还是在日常中的轻松锻炼，或是康复过程中的温和恢复，均能深深植根于人们心中，形成难以割舍的情感纽带。尤其在后疫情时代，公众对健康福祉的需求空前高涨，体育成为了满足这一需求的理想途径。这股源自内心的健康追求，不仅强化了乡村的自我发展动能，还有助于平衡城乡发展，缩小两者间的鸿沟。

第四，体育产业的蓬勃发展，正成为推动技术创新与数据应用的重要平台。地方政府应与智慧体育产业联盟，将体育旅游打造成集智能、生态、人文于一体的特色品牌，促进体育与科技、旅游、文化的深度融合，形成一种全新的产旅融合模式。这种模式不仅能加速体育产业的现代化转型，还能够吸引大量高技能人才的聚集，为地方数字经济的崛起奠定坚实基础。

体育产业的这一系列创新实践，有效促进了区域内部的技术交流与资源共享，优化了生产要素的配置效率，创造了多元化的就业机会，还激发了乡村经济的内生增长动力，推动了城乡一体化进程，为实现区域经济的均衡发展注入了强劲动力。

第四章

体育赋能乡村振兴的理论机制与条件分析

在中华民族伟大复兴的宏图伟业中，体育赋能乡村振兴被赋予了特殊的意义，它不仅是体育强国建设的重要组成部分，也是实施乡村振兴战略的有力抓手，需要在这一伟大征程中扎实而有效地推进。要实现体育赋能乡村振兴，我们必须摒弃孤立、静止和片面的思维方式，以更加开阔的视野和务实的态度进行改革。这意味着要将体育赋能乡村振兴置于整个国家发展战略的大局中去思考，与经济、文化、教育、旅游等多领域深度融合，形成联动效应，共同推动乡村全面振兴。本章主要对体育赋能乡村振兴的理论机制与条件进行分析，内容主要包括体育赋能乡村振兴的理论逻辑、动力供给、制度条件、经济条件以及机遇与挑战。

第一节 体育赋能乡村振兴的理论逻辑

一、体育赋能乡村振兴的逻辑前提

（一）"振兴农村体育"是乡村振兴战略的重要内容

农村体育的发展，作为乡村振兴战略的重要组成部分，不仅关乎农民的健康福祉，更是农村文化繁荣和社会进步的体现。在农村体育活动中，农民是参与的主体，通过体育锻炼，他们不仅能够增强体质，提高生活质量，还能促进社会交往，增强社区的凝聚力和向心力。然而，由于长期以来城乡发展不平衡，农村体育的发展面临着一系列挑战，包括体育设施缺乏、体育服务供给不足、管理机制不健全以及农民参与度不高等问题。乡村振兴战略的实施，为农村体育的全面发展带来了新的机遇。这一战略旨在实现农村的全面振兴，涵盖经济、文化、社会、生态等各个层面，而农村体育的振兴正是其中不可或缺的一环。近年来，随着国家对乡村振兴的重视，政策、资金、人才等资源开始向农村倾斜，为农村体育的发展提供了强有力的支撑。农民生活水平的提升，使得他们更加重视健康和运动，这也为农村体育的普及和发展创造了有利条件。

（二）"农村体育振兴"是助力乡村振兴的有效举措

体育在国家发展全局中的地位和作用不容小觑，它是提升国民健康水平、满足人民对美好生活追求、促进个体全面发展以及推动经济社会进步的关键因素。体育的全面融入与乡村振兴战略的推进相辅相成，二者在时间线上的重叠并非偶然，而是深层次逻辑驱动的结果。乡村振兴战略的实质是构建一种更高层次的乡村社会形态，其根基在于经济发展的阶段性和特色资源、优势产业的有效利用。体育产业，以其资源消耗少、需求弹性大、覆盖领域广、产品附加值高、产业链条长和带动效应强等特点，为乡村振兴提供了崭新的视角和途径。

从学术角度分析，体育不仅是一种产业，更是一种生活方式，它能够丰富人们的生活体验，提升生活质量，与乡村振兴战略的宗旨高度契合。在体育的助力下，农村地区可以挖掘和发挥自身的特色资源优势，发展体育旅游、体育休闲、体育培训等多元业态，进而带动就业、促进消费、增加收入，形成以农村体育振兴为特色的乡村发展模式。特别是在我国脱贫攻坚取得决定性胜利后，乡村振兴战略的实施面临着更高的目标、更广泛的受益群体、更复杂的致贫因素和更高的贫困风险。在这样的背景下，体育作为国家脱贫攻坚的重要组成部分，展现出其独特的经济效益、社会价值、文化意义和功能优势，成为推动乡村振兴战略深入实施的重要力量。体育能够促进农村经济结构的优化，提升农民的健康素养，增强乡村的凝聚力，传承和弘扬优秀传统文化，激发乡村的内生动力，为乡村振兴提供持续的动能。

二、深刻理解新时代体育赋能乡村振兴的理论逻辑

（一）体育强国建设与乡村振兴具有历史同步性

我国进入了全面建设社会主义现代化国家的新征程，体育强国建设与乡村振兴战略在此背景下展现出了前所未有的历史同步性和战略协同性。这一时期，体育与乡村振兴的深度融合，不仅体现了国家战略的顶层设计，更反映了人民对美好生活的深切期盼。具体来说，新发展阶段下体育强国建设与乡村振兴的同步性主要体现在以下几个方面。

1.时空舞台同步

在新发展阶段，体育强国建设与乡村振兴战略均立足于解决人民日益增长的美好生活需要与不平衡不充分的发展之间的矛盾，这一共同的历史使命为体育赋能乡村振兴提供了广阔的时空舞台。体育赛事、健身活动和体育产

业的发展，不仅能满足农民群众对健康生活的需求，还能促进乡村经济的多元化发展，为乡村振兴注入活力。

2.目标进程同步

体育强国与乡村振兴的战略目标在新发展阶段是相互依存、互促共进的。体育强国的建设需要关注乡村体育现代化的短板，而乡村振兴也需要体育作为推动经济社会发展的新引擎。两者在目标达成的过程中，必须突破乡村体育基础设施不足、体育产业薄弱等结构性障碍，共同推进乡村体育的现代化，共创体育与乡村振兴的双赢局面。

3.发展主题与主线一致

新时代以高质量发展为主题，以深化供给侧结构性改革为主线，这一主题和主线贯穿于体育强国和乡村振兴战略的全过程。体育产业作为新兴产业，需要通过树立创新、协调、绿色、开放、共享的新发展理念，深化供给侧结构性改革，优化体育产品和服务供给，满足人民群众多层次、多样化的体育需求。同时，乡村振兴战略下的体育发展，也要注重体育与农业、文化、旅游等产业的深度融合，推动乡村产业体系的现代化，实现体育与乡村经济、文化、生态等多方面的协同发展。

（二）体育多元功能与乡村振兴需求具有实践耦合性

乡村，作为一个复杂且多功能的地域综合体，是自然、社会与经济要素的交汇点，承载着生产、生活、生态和文化等多重功能。乡村与城镇之间存在着互补共生的关系，共同构成了人类活动的主要空间。在党的十九届五中全会提出的"双循环"新发展格局下，乡村振兴被赋予了新的历史使命，成为国内大循环的关键环节和亟待突破的关键点。在这一背景下，体育的作用与价值得到了前所未有的彰显。体育不仅能够促进农民健康，丰富乡村文化生活，还能通过体育产业的发展，推动乡村经济的多元化，成为乡村全面振兴的重要推动力。新发展格局下，体育赋能乡村的实践，不仅能够助力乡村实现"产业兴旺、生态宜居、乡风文明、治理有效、生活富裕"的目标，还能在这一过程中实现守正创新,加快乡村现代化进程,主要表现在以下几个方面。

第一,通过构建精准化和精细化的体育公共服务体系,能够确保体育服务覆盖全体乡村居民,无论男女老少,都能享受到体育带来的健康益处。这不仅有助于扩大农村体育人口规模,还能够培养乡村居民的现代体育生活方式和文明素养,提升他们的健康水平和生活质量。一个健康、活跃的乡村居民群体是乡村社会发展的基石,能够创造宜居宜业的生活环境。

第二,体育产业的高质量发展能够提供多样化的产品和服务,满足乡村不同群体的需求,从公共体育设施到私人定制的体育训练,从体育赛事到体育旅游,满足乡村居民的多元化需求。这不仅能够促进乡村消费需求结构的升级,还能带动乡村经济的多元化发展,创造更多的就业机会,提升乡村居民的收入水平。

第三,体育治理体系和治理能力的现代化是提升乡村社会发展活力和动力的关键。通过建立体育社会组织参与的治理机制,能够有效配置体育资源,合理介入乡村治理,提升乡村基层治理的效能。这不仅能够促进体育事业的健康发展,还能为乡村经济社会发展提供新的秩序规范,形成良好的乡村治理生态。体育的功能和价值在乡村政治、经济、教育、生活、文化、生态等多个领域都能够得到充分发挥。

(三)乡村体育全面发展与乡村振兴具有体制机制协同性

"创新、协调、绿色、开放、共享"的新发展理念,不仅为我国经济社会发展指明了方向,也为乡村体育的全面发展与乡村振兴提供了理论指导和实践路径。这一理念的深入贯彻,将促进乡村体育与乡村振兴的深度融合,推动乡村向更加繁荣、和谐、绿色的方向发展。

1.打破城乡二元体制,实现一体化发展

乡村体育的繁荣进步,离不开城乡体制的新发展。长期以来,城乡二元体制制约了资源的自由流动和城乡的均衡发展。打破这一体制,实现城乡区域的协同与融合发展,是乡村体育发展的迫切需要。通过体制机制的创新,促进城乡资源的优化配置，实现基础设施、公共服务、产业布局等方面的均衡发展，为乡村体育的全面繁荣奠定坚实基础。

2.新发展理念支撑乡村振兴

乡村振兴，是一个包含创新、协调、绿色、开放、共享的综合发展过程。这一过程需要政府的引导、市场的驱动和社会的互动，共同构建适应新时代要求的发展机制。政府应制定有利于乡村体育发展的政策，市场应提供多元化的体育产品和服务，社会应积极参与和支持乡村体育活动，形成政府、市场、社会三者合力的良好局面，为乡村体育的繁荣提供有力支撑。

3.乡村体育与乡村振兴的共赢发展

乡村体育的全面发展，不仅能促进城乡体制机制的协同，还能够在多个层面为乡村振兴探索有效的机制，促进乡村振兴整体效益和长远效益的实现。在产业层面，乡村体育可以促进体育产业与农业、旅游等产业的融合，推动乡村经济的多元化发展；在人才层面，乡村体育可以吸引和培养体育人才，丰富乡村的智力资源；在资源和信息层面，乡村体育可以促进资源的优化配置和信息的高效流通；在治理层面，乡村体育可以促进乡村治理现代化，提升乡村治理能力。通过这些机制的探索与实践，乡村体育与乡村振兴将形成互利共赢、协同发展的新格局。

第二节 体育赋能乡村振兴的动力供给

需要是体育赋能乡村振兴的根本动力，创新是体育赋能乡村振兴的实现力和驱动力。体育赋能乡村振兴的过程，实际上是一个内外互动的过程，涉及内部和外部多种因素与条件的共同发力。本节主要就从这几个方面探讨体育赋能乡村振兴的动力供给。

一、需要是体育赋能乡村振兴的根本动力

（一）马斯洛和马克思关于"需要"的理论学说

马斯洛的需要层次理论为理解人类动机和行为提供了一个经典的框架。他将人类的需要分为五个层次，由低到高，依次是生理需要、安全需要、归属与爱的需要、尊重需要和自我实现需要。每一层次的需要都是建立在下一层次需要得到满足的基础上。这一理论强调了需要的层次性和递进性，认为人的需要是由低到高逐步发展的，只有较低层次的需要得到满足后，较高层次的需要才会产生。

马克思关于人的需要层次的论述，与马斯洛的需要层次理论有所不同，更多地从社会关系和历史唯物主义的角度出发，强调人的需要与社会结构、生产力水平和社会关系的紧密联系。马克思将人的需要大致分为四个层次：生理需要、社会需要、精神需要和发展需要。这些需要相互关联，共同构成了人的全面发展的需求体系。

个人需要与社会需要具有整体性和互促性，一方面，整体性表明个人是社会的有机组成部分，而社会则是个体共同生活的集合体。在这个层面，社会需要是基于所有社会成员的共同诉求而形成的，它反映的是社会整体的利益和目标，而不是某个或某些个体的特殊需求。例如，在乡村体育发展中，建设公共体育设施、组织集体体育活动等，都是为了满足乡村居民的共同需要，促进社区居民的健康和团结。另一方面，个人需要与社会需要之间存在互促性，即个人需求的满足促进了社会需求的形成，而社会的发展又反过来影响个人的需求。例如，随着乡村体育设施的完善和体育活动的增多，乡村居民对健康生活方式的需求逐渐增加，这种需求又促使社会提供更多样化的体育服务和活动，形成了良性循环。

社会需要具有整体性、集中性和强制性三个显著特点。从整体性来看，社会需要是社会整体成员的共同诉求，反映了社会的普遍利益，而非个别或部分成员的特殊要求。从集中性来看，社会需要通常需要通过社会集体行动来满足，如政府、社区组织或非营利机构等，而不是单个个体或小团体能够

独立完成的。从强制性来看，满足某些社会需要可能需要通过政治权力或法律手段来强制实施，以确保所有社会成员都能公平地获得满足这些需要的机会。

（二）乡村振兴中"需要"的产生和表达

近年来，随着中国城市化进程的快速推进，乡村发展的问题日益突出，乡村的相对滞后不仅影响了城乡的协调发展，也限制了国家整体的现代化进程。进入21世纪以来，乡村问题再次成为国家和社会关注的焦点，其重要性主要表现在三个方面。一是"三农"问题的正式确立。2002年，党的十六大明确提出将"三农"问题作为全党工作的重中之重，这标志着中央对乡村问题的高度重视，开始采取一系列措施促进农业现代化、农村繁荣和农民增收，力求解决长期存在的城乡发展不平衡问题。二是乡村振兴战略的提出。2017年，党的十九大正式提出乡村振兴战略，强调了乡村在国家发展全局中的重要地位，明确了乡村振兴是实现中华民族伟大复兴的一项重大任务。同年召开的中央农村工作会议进一步细化了乡村振兴的实施路径，提出"五级书记抓乡村振兴"的工作方针，即省、市、县、乡、村各级党委书记都要亲自抓乡村振兴，这体现了乡村振兴工作的紧迫性和重要性。三是全球化挑战下的乡村振兴。近年来，尤其是新冠疫情暴发以来，全球化的不确定性加剧，供应链中断、国际贸易受阻等问题频发，这使得乡村振兴的重要性更加凸显。乡村振兴不仅是解决国内城乡发展不平衡、不充分问题的关键举措，也是应对全球化挑战、确保国家粮食安全、促进经济内循环的压舱石。通过强化乡村的内生发展动力，提升乡村经济的韧性和竞争力，可以在全球化逆流中促进国家经济的稳健发展。

从马克思需要理论的视角看，乡村振兴战略的实施与推进，既是对社会整体发展需求的响应，也是对个体多层次需要的满足。在乡村振兴的背景下，人的需要层次在不同阶段呈现出不同的侧重点，但总体上涵盖了生理需要、社会需要、精神需要和发展需要四个方面。在乡村振兴的过程中，这些需要并非孤立存在，而是相互关联、相互促进的。满足了生理需要后，社会需要、精神需要和发展需要便相继出现，形成一个动态演进的过程。

马克思关于人的需要理论在体育赋能乡村振兴中具有重要的理论价值，主要体现在以下几个方面。

1.满足人的需要有助于推进乡村振兴

乡村振兴作为新时代中国特色社会主义现代化建设的基石，其本质是以人为本，以满足人民群众对美好生活的需求为核心。在迈向中国式现代化的征途中，我们必须坚守人民至上的理念，将广大乡村居民的利益视为最高追求，以他们的需求引领乡村振兴的每一步行动。乡村振兴的目标，归根结底是让人民过上更加幸福安康的生活。这份对美好生活的追求，不仅构成了乡村振兴的原动力，也是实现战略目标的牢固基石。

2.满足需要是人进行劳动和创造活动的内在原因和根据，有利于全面推动乡村振兴

人类文明的起源与繁荣，深深植根于劳动这一基本活动之中。劳动不仅是人类生存之本，更是推动社会发展与进步的关键力量。从个体层面看，人类基于自身的需要，主动投身于与自然和社会的互动中，通过劳动创造出满足生存与发展所需的物质与精神财富。在这个过程中，劳动不仅塑造了人类自身，也创造了多姿多彩的人类社会。进入新时代，随着中国特色社会主义的深入发展，人民对美好生活的向往愈发强烈，这既包括物质层面的丰裕，也涵盖了精神层面的充实。面对这一新阶段的社会主要矛盾——人民日益增长的美好生活需要与不平衡不充分的发展之间的矛盾，特别是在"三农"领域，如何有效应对，显得尤为迫切。为此，必须坚持农民的主体地位，深入理解并满足农民的真实需求，加快补齐"三农"领域的短板。通过精准施策，推动乡村振兴战略的实施，不仅要促进农业增效、农村增美，更要确保农民增收，全面提升农民的获得感、幸福感、安全感。只有这样，才能真正实现乡村的全面振兴。

3.人的需要具有能动性，有利于促进人的自由全面发展

马克思的观点深刻揭示了人的需要与社会发展的内在联系，强调了人的能动性和创造性在历史进程中的核心作用。人的需要不仅是个人生存与发展

的直接动力，也是社会变迁与进步的深层驱动力。在这一理论视角下，人的需要被赋予了更丰富的内涵，它不仅是物质层面的需求，更是精神追求、自我实现乃至社会关系构建的综合体现。人的需要在社会实践中不断演进，从基本的生理需求到情感归属、认知探索，直至自我超越与自由全面发展的追求，构成了人类行为的多维度驱动机制。在这个过程中，人不仅受到外部环境的制约，更通过自身的能动性，反作用于社会，推动其向更高层次发展。每一次需要的满足，都孕育着新的需要，形成螺旋上升的发展态势，促使人类社会不断向前。衡量一个社会是否健康、是否能促进人的全面发展，关键在于它能否有效回应和满足人的多层次需要。一个理想的社会，应当致力于创造条件，让每个人都能在物质生活富足的同时，享有充分的精神滋养，实现个性的自由舒展与潜能的全面释放。这样的社会，能够激发人民群众的积极性与创造性，共同构建一个更加公正、和谐、繁荣的世界，最终实现人的自由与全面发展这一崇高目标。

（三）体育赋能乡村振兴中的"需要"

从理论层面上讲，体育在乡村振兴战略中扮演的角色应基于乡村社区对体育的真实需求与期待来定位。体育作为一种文化现象和社会资源，具有独特的社会功能和教育价值，能够在促进身体健康、增强社区凝聚力、提升居民生活质量、传承地方文化以及推动经济发展等多个层面发挥作用。因此，要实现体育赋能乡村振兴，首要任务便是深入理解并精准识别乡村社区对于体育的具体需求。

乡村振兴与体育事业的蓬勃发展，对于实现中华民族伟大复兴具有不可替代的作用。两者不仅各自承担着推动国家发展、提升民族素质、增进人民福祉的重要使命，而且在新时代背景下，它们的深度融合与协同发展正逐渐成为一种趋势。

一方面，在乡村振兴中，体育以其独特的魅力与功能，成为连接理想与现实的桥梁。乡村振兴所追求的目标，皆能在"体育之道"中寻得新解。这是乡村振兴对体育深切"需要"的直观展现，体育以其独有的方式，不仅能增强村民体质，更能激发乡村经济活力，促进文化交流，增强社区凝聚力，为乡村振兴注入强劲动能；另一方面，回溯历史，体育始终是中华民族奋斗历程中的重要篇章，承载着"体育救国""体育报国""体育强国"的时代使命。在新时代的征途上，体育报国的实践主体日益清晰，分为两大阵营：一是体育赋能乡村振兴的行动者，他们聚焦于挖掘体育在乡村发展中的多元价值，如通过体育赛事带动乡村旅游，以体育教育提升村民素质，让体育成为乡村振兴的加速器；二是致力于体育强国建设的核心力量，他们深耕体育产业，提升竞技水平，普及全民健身，满足社会对体育日益增长的需求，尤其是乡村发展对体育的需要。

总之，乡村振兴与体育的交汇，深植于彼此迫切的"需要"之中。乡村振兴呼唤体育活力，以强健村民体魄，凝聚社区精神，推动经济与文化繁荣；体育则需借力乡村振兴，拓宽普及面，挖掘新潜能，实现更深层次的社会价值。正是这份相互的"需要"，构成体育服务乡村振兴的原动力，激励我们探索多样化的体育途径来实现乡村振兴。

二、创新是体育赋能乡村振兴的实现力和驱动力

创新，作为新发展理念的核心，肩负着乡村振兴高质量推进的重任。自党的十九大首次提出乡村振兴战略以来，这一宏伟构想标志着我国"三农"工作迈入了新时代。面对前所未有的历史使命，我们无先例可循，唯有以创新为帆，方能引领乡村振兴之舟破浪前行。面对乡村振兴这一时代课题，我们必须秉持创新思维，不断探索与实践，用中国智慧开辟出一条条通往目标的可行之道。在此过程中，"需要"激发了前进的动力，而创新则是将这一动力转化为具体成果的关键，它不仅赋予"需要"以生命，更指引着乡村振兴的美好未来。

要实现乡村的振兴，我们必须坚定不移地走创新发展的道路，将新发展理念融入实践，确保高质量发展的目标得以实现。特别是在体育助力乡村振兴的进程中，面对全新的目标、环境与需求，我们应深入贯彻创新思维，塑造体育推动乡村发展的全新格局，开启体育引领乡村高质量发展的新篇章。

以创新理念为先导，引领体育在乡村振兴中赋能，是奠定高质量发展基石的关键。这体现在我们能够积极回应人民群众对美好生活的向往，切实践行新发展理念，确保"创新"成为发展的首要驱动力，"协调"成为内在特质，"绿色"成为普遍样态，"开放"成为必然路径，"共享"成为终极目标。要达成高质量发展目标，就必须将创新理念深植于心，贯穿于乡村振兴的全链条，以此激发农村经济活力，推动农民共同富裕。

在体育助力乡村振兴的实践中，创新至关重要，它是保持和提高体育赋能效果的源泉。创新不仅是乡村全面振兴的基石，更是开启乡村振兴大门的"金钥匙"。通过深化制度创新，我们可以优化体育在乡村治理中的作用；借助技术创新，可以提升体育设施和服务的水平；探索业态创新，可以丰富乡村体育产业的内涵；模式创新，则能拓展体育与乡村发展的融合路径。聚焦乡村振兴的重点和难点，创新思路和方法，将创新精神融入乡村振兴的每一个阶段、每一个领域，为乡村经济的振兴注入源源不断的活力。

（一）创新是体育赋能乡村振兴的实现力

创新，是国家繁荣昌盛的不竭动力，唯有不断创新，方能在竞争中前进，在挑战中强大，在变革中取胜。步入新时代，创新已成为推动经济社会持续健康发展，实现高质量发展的关键路径。对于体育赋能乡村振兴而言，要取得良好的效果，既要满足乡村振兴的内在需求，也要契合体育事业自身的发展诉求，这就需要我们坚持不懈地推进体育创新，将创新思维和创新实践融入体育赋能乡村振兴的每一个环节。

创新的关键在于主体的主动性和责任感，它源于对社会不断变化的需求的敏锐洞察，以及满足这些需求的能力和决心。在新时代背景下，创新的核心任务是为民族振兴、国家富强和人民幸福提供源源不断的动力。抓住创新，就是抓住了发展的关键；谋划创新，就是规划了未来的方向。在乡村振兴的大局中，创新是牵一发而动全身的关键因素。当体育作为乡村振兴的有效工具时，面对新的发展机遇和挑战，体育本身也需经历一场自我革新，既要审视现有的功能定位，又要通过创新来拓展自身的边界，挖掘新的价值，这样才能在服务乡村振兴中发挥更大的效能。

随着乡村振兴战略的纵深推进，其实施的复杂性和艰巨性不容小觑。面对这一历史性任务，我们必须激发全社会的创新潜能，让体育赋能乡村振兴的方式不断创新，内容不断丰富。

（二）创新是体育赋能乡村振兴的驱动力

社会的前行与繁荣，无不源自创新这一永恒的引擎。回溯历史，第一次工业革命与第二次工业革命，无疑是最为辉煌的两座里程碑，它们以创新为翼，开创了人类文明的新纪元。在这两个时期，创新思维如燎原之火，催生了前所未有的生产力，彻底重塑了社会结构与生活方式，其影响之深远，至今仍深刻地塑造着我们的世界。两次工业革命所创造的经济价值，远远超过了人类历史上任何时期的总和，这正是创新力量的直观展现。它证明了创新是推动社会进步、经济发展的关键动力，是跨越历史、改变世界的强大力量。

在体育赋能乡村振兴的征途上，我们需清醒地认识到，我国当前仍处于并将长期处于社会主义初级阶段的基本国情未发生改变，同时，我国作为世界上最大发展中国家的国际定位也未曾变动。要在乡村振兴中充分发挥体育的独特作用，唯有通过创新引领，才能激发体育赋能乡村振兴的潜力，使之成为推动乡村发展的新引擎。创新，作为新发展理念的首项原则，是体育赋能乡村振兴的基石，缺乏创新，体育赋能乡村振兴将失去方向与动力，其意义也将大打折扣。在体育赋能乡村振兴的过程中，坚持新发展理念，特别是将创新作为核心驱动力，有助于我们树立全局意识、长远视角和整体观念，确保体育赋能乡村振兴的各项工作既立足当下，又着眼未来，既注重局部，又顾及全局。只有这样，我们才能在体育赋能乡村振兴的实践中实现乡村振兴与体育事业的同步繁荣。

事物的发展遵循螺旋式前进的规律，这一规律深刻揭示了量变与质变的辩证关系。量变是质变的基础，质变则是量变的必然结果，二者相辅相成，缺一不可。在事物发展中，单纯的量的积累如果没有引发质的飞跃，其价值和意义将大打折扣。量变与质变的互动关系，体现了事物发展的渐进性与飞跃性的统一，是自然界和社会发展普遍遵循的法则。在中国式现代化的征程中，高质量发展是核心要义。它强调的不仅仅是速度和规模，更重要的是效率、效益和结构的优化升级。只有通过高质量发展，才能将潜在的社会发展优势转化为实实在在的民生福祉。特别是在乡村振兴这一重大战略中，面对区域发展不平衡、城乡差距扩大等问题，我们必须坚持问题导向，精准施策，避免盲目追求速度而忽视质量，确保乡村振兴的正确航向。

乡村振兴的推进，需要创新作为内生动力。创新不仅能够促进乡村经济的转型升级，还能带动生态环境的改善、乡风文明的培育以及宜居宜业环境的构建。通过创新，可以有效整合乡村资源，激发乡村活力，促进农业现代化、农村美、农民富的全面实现。无论是农业科技的突破、乡村治理模式的革新，还是乡村文化的传承与创新，都离不开创新思维和实践。在这个过程中，创新如同一把钥匙，解锁了乡村发展的无限可能。它不仅驱动了量的积累，更引发了质的飞跃，让乡村振兴之路越走越宽阔。

总的来说，运用体育创新思维，提升乡村振兴的质量，路径众多，正如"条条大路通罗马"，每一条路径都有其独特的风景和价值。然而，在众多创新手段中，科学技术的力量无疑是推动体育创新高质量发展的关键所在。创新的效果，归根结底要通过其能否提升生产效率和竞争力来衡量。而以科学技术为引领的创新，因其科学性、系统性和前瞻性，往往能够达到事半功倍的效果，是推动高质量发展的最有力武器。在体育赋能乡村振兴的实践中，如何实现体育的长效服务，如何使其在乡村振兴中发挥更大作用，是摆在我们面前的重要课题。创新，正是破解这一难题的金钥匙。无论是体育设施的智能化改造、体育赛事的数字化运营，还是体育文化的网络化传播，科技的创新应用都能够为体育赋能乡村振兴开辟新天地。科技创新不仅能够激发体育的新动能，还能够显著提升体育服务的品质和效率，更好地满足人民群众对健康生活、休闲娱乐的多元化需求。创新所带来的力量，无疑是体育赋能乡村振兴的主引擎。它不仅能够为乡村注入新的活力，推动乡村体育事业的蓬勃发展，还能够促进乡村经济社会的全面进步，提升乡村居民的幸福感。在乡村振兴的广阔舞台上，创新的力量能够让体育的作用更加凸显，让乡村振兴的步伐更加坚实。因此，在全面推进乡村振兴的伟大征程中，我们应当将创新置于核心位置，让创新成为体育赋能乡村振兴的强大推手。

三、乡村振兴中的体育内生动力

在新时代背景下，中国社会的主要矛盾已经转化为人民日益增长的美好生活需要和不平衡不充分的发展之间的矛盾。针对"农村发展不充分"和"城乡发展不平衡"的问题，乡村振兴战略成为了国家层面的重要部署。随着脱贫攻坚战的胜利，乡村地区的经济基础得到了初步稳固，但为了防止"返贫"，需要进一步提升乡村的自我发展能力，即从依赖外部"输血"转变为依靠内部"造血"。乡村振兴的内生动力构建，关键在于挖掘乡村内部的潜力和发展要素，构建一个健康、可持续的发展生态。这包括利用乡村自身的资源禀赋，如自然资源、文化传统、特色产业等，以及通过补齐基础设施、教育、卫生等领域的短板，创造一个支持长期发展的环境。具体到体育领域，体育可以作为激活乡村内生动力的一个重要途径，通过体育活动的普及和体育产业的发展，乡村可以逐步建立起自己的"造血"机制，改善"贫血"状态，实现从脱贫攻坚到乡村振兴的平稳过渡，最终实现乡村振兴的目标。

首先，提升乡村地区的"造血"能力，是实现乡村振兴的关键步骤。通过体育的外源动力"输血"，乡村能够补足发展的短板，营造积极向上的社会氛围，促进产业的提质增效。这一过程不仅强化了乡村的基础建设，还优化了乡村治理，激发了产业活力，为乡村的"自我"发展奠定了坚实的基础，增强了乡村的自我发展能力。

其次，充分利用乡村本土特色，是乡村振兴的另一重要方面。在乡村体育项目规划与建设中，充分考虑和利用本土资源禀赋，比如自然风光、历史文化、民俗风情等，打造具有地方特色的体育品牌。通过挖掘和整合区域内的文化资源，形成独具特色的体育文化，不仅能够抵御市场的同质化冲击，还能够吸引外部资源和关注，为乡村特色文化的传承与创新提供持续动力。

最后，提升乡村综合发展能力，是乡村振兴的长远目标。体育发展路径的选择和实施，能够推动乡村在人才培养、社会治理、资源发掘等多个维度的综合发展。体育活动的开展，可以促进村民身心健康，提升生活质量；体育产业的发展，能够创造就业机会，带动经济增长；体育文化的弘扬，有助于增强乡村的软实力。此外，体育还可以作为桥梁，连接乡村与外界，促进信息、技术、资本等资源的流动，从而整体提升乡村的综合发展能力。

四、体育为乡村振兴提供外援动力

体育事业在乡村振兴战略中扮演着催化剂的角色，它不仅是公共事业的有益补充，更是激活乡村内生动力的关键。通过体育路径，乡村能够获得政策倾斜、资金支持等外源动力，这些动力不仅能够弥补乡村基础设施的不足，还能刺激乡村资源的有效开发，推动产业发展，促进现代化治理机制的形成，为乡村振兴构建起强大的内生动力系统。乡村振兴的核心在于实现乡村的全面繁荣，这涉及产业、人才、文化、生态和组织五个方面的振兴。然而，当前乡村地区普遍面临基础设施落后、发展能力不足、"空心化"加剧等挑战，这些问题相互交织，使得许多乡村处于"贫血"状态，即缺乏自我发展的能力和资源。在这种情况下，仅依赖乡村内部力量难以在短期内实现全面振兴的目标，因此，引入外源动力，即"输血"，成为必要之举。"输血"的关键在于打破城乡之间的壁垒，清除要素下乡的各种障碍，包括政策限制、市场准入门槛、信息不对称等。通过优化政策环境，吸引资本、技术、人才等优质资源向乡村流动，可以有效激活乡村的潜在能量，为乡村振兴注入新的活力。

体育向乡村振兴提供的外源动力主要从以下几方面体现出来：

第一，叠加刺激，激发乡村活力。在国家层面，乡村振兴战略与体育强国、健康中国等国家战略形成叠加效应，共同推动乡村发展。体育作为一种积极的社会力量，能够通过举办赛事、建设体育设施等方式，为乡村带来人气和关注，激活乡村的经济和社会活力，特别是在文化和旅游领域，体育活动能够吸引大量游客，带动当地经济的发展。

第二，资本和人才下乡，增强乡村发展动力。随着体育产业在乡村的兴起，吸引了大量的城市资本和社会资本投入，这些资本不仅带来了资金，更重要的是带来了先进的管理经验和技术，促进了乡村产业的升级。同时，体育产业的发展也吸引了众多人才返乡创业，包括运动员、教练、体育管理人员等，他们为乡村带来了新的思想和技能，推动了乡村的现代化进程。

第三，转变生产方式，建构乡村发展模式。体育产业的发展促进了乡村生产生活方式的转变，从传统的农业为主转变为多元化的产业结构，其中体育旅游、体育培训、体育用品制造等第三产业的发展尤为显著。这种转变不仅提高了乡村的经济效益，还提高了乡村居民的生活质量，促进了乡村的可持续发展。

第四，路径支持，引导乡村发展方向。体育作为一种创新的发展路径，为乡村提供了新的发展方向和模式。例如，通过打造具有地方特色的体育IP，如马拉松、自行车赛、徒步旅行等，不仅能够吸引游客，还能够传播乡村文化，提升乡村品牌价值。此外，体育活动还能够促进乡村的生态环境保护，实现绿色发展。

第五，补齐短板，提升乡村综合竞争力。长期以来，基础设施落后和公共服务不足是制约乡村发展的两大短板。体育路径的实施，一方面通过体育设施建设改善了乡村的硬件条件；另一方面，通过举办体育赛事等活动，提升了乡村的软实力，如教育、卫生、文化等公共服务水平。这些改善不仅提升了乡村的综合竞争力，也为乡村居民提供了更好的生活条件。

第三节 体育赋能乡村振兴的制度条件

一、制度为体育赋能乡村振兴提供了政策保障

制度，作为一系列规则与指导原则的集合，是规范社会行为、维护秩序的基石，它引导着人们在集体生活中遵循一定的标准与程序。对于体育在乡

村振兴中的角色而言，构建完善的制度体系是其发挥效用的前提。自党的第十九次全国代表大会召开以来，我国在推动乡村振兴战略的进程中，陆续颁布了多项重要政策与法律文件，如《中共中央、国务院关于实施乡村振兴战略的意见》《乡村振兴战略规划（2018-2022年）》《中共中央、国务院关于全面推进乡村振兴加快农业农村现代化的意见》，以及《乡村振兴促进法》等，这些政策不仅为乡村振兴提供了坚实的制度保障，还标志着这一战略步入了全面深化的新阶段。

为了加快城乡基本公共服务的发展步伐，进而达成乡村振兴的宏伟目标，首要任务在于精心设计顶层框架，制定出一套涵盖机制体制的详尽实施方案与策略。这不仅要求我们在宏观层面绘制蓝图，还需在实际操作中确保乡村能够享有与城市相当的公共服务设施与资源，以此缩小城乡差距，促进均衡发展。在推动城乡基本公共服务均等化的过程中，我们不仅要关注服务项目的多样性与充足性，更要致力于提升服务品质，确保乡村公共服务能够精准对接并充分满足农村地区经济和社会发展的实际需求。这意味着，无论是教育、医疗、文体活动还是基础设施建设，都须达到一定标准，让每一位村民都能享受到便捷、高效、优质的服务。体育服务作为基本公共服务的重要一环，在乡村振兴的大背景下，得到了前所未有的重视与支持。各级政府出台的一系列制度与政策，为体育在乡村振兴中发挥作用创造了有利条件。

二、制度与政策对农村体育的发展产生重要影响

农村体育的发展与社会经济的变迁紧密相连，其演变历程深受国家政策导向和时代背景的影响。自中华人民共和国成立以来，体育事业逐步融入国家建设的总体布局之中，尤其是在农村地区，体育的角色和功能经历了从服务于生产劳动和国防建设到促进全民健康和生活质量提升的转变。新中国成立初期，体育被视为提高劳动力素质和增强国民体质的重要手段，特别是在农村，体育活动往往与农业生产相结合，强调实用性和功能性。那时的农村体育活动多为简单的身体锻炼和传统民俗体育项目，旨在增强农民体质，适

应艰苦的劳动环境。改革开放后，特别是进入21世纪，随着经济社会的快速发展，体育逐渐成为提升国民生活质量、促进社会和谐的重要组成部分。2016年发布的《"健康中国2030"规划纲要》，标志着国家对健康生活方式的重视达到了新高度，其中农村体育的发展也被纳入国家健康战略，获得了前所未有的推动力。

中华人民共和国成立以来，体育制度和政策的发展，尤其是涉及农村体育的部分，呈现出两个显著的特点。第一是宏观指导的普遍性与具体实施的局限性。这一现象在对我国东、中、西部地区部分地方政府及体育局网站发布的关于农村公共体育服务法规的对比研究中得以体现。研究发现，许多地方性文件仅仅是对中央政策的重申或传达，而未能基于当地特色和需求进行必要的细化与创新，导致政策在地方层面的适用性、可操作性和实际效果大打折扣。第二是目标设定的明确性与执行评估的薄弱性。例如，《国家基本公共服务标准（2023年版）》详细规定了公共体育设施的开放范围、服务对象、服务内容、服务标准以及责任主体等，为提升农村体育服务质量设定了具体目标。然而，这些目标的实现程度在很大程度上依赖于早前出台的法规，如《公共文化体育设施条例》《体育场馆运营管理办法》和《全民健身条例》等，这些法规中的一些条款可能已落后于当前农村体育发展的现实情况。更重要的是，缺乏有效的监督和考核机制来确保这些标准的严格执行，从而影响了政策的执行效力。

为了确保体育在乡村振兴战略中发挥最大效能，建立和完善相应的制度规范是不可或缺的。这需要从乡村振兴的整体视角出发，紧密贴合新时代下体育服务的新需求，同时紧密结合农村体育服务发展的实践经验，采取相应的策略，对现有的政策文件进行系统性的审视与修订，以使其更具适应性和针对性。在国家宏观政策文件的指导下，各地方政府应从本地实际情况出发，对农民群众的主体地位予以尊重，对农民的体育服务需求进行深入了解，从而确保制定出来的质量标准规范具有很强的操作性，为体育赋能乡村振兴提供主要依据。这样做旨在构建一个动态调整、上下联动、内外兼修的制度体系，为体育赋能乡村振兴提供坚实的制度保障。通过强化制度规范的执行和创新，不仅能够有效提升农村体育服务的质量、扩大覆盖范围，还能促进乡村体育文化的繁荣发展，进而为乡村振兴战略的全面实施注入强劲动力。

自党的十八大以来，中国共产党将体育事业视为国家强盛和民族复兴的重要组成部分，将其置于国家战略的高度，展开了全面而系统的规划与部署。这一时期，中国体育经历了快速的发展与转型，不仅在竞技体育领域取得了显著成就，而且在全民健身、体育产业、体育文化和体育外交等多个维度实现了长足进步。2019年，《体育强国建设纲要》的发布标志着中国体育发展进入了一个新的历史阶段。这份文件明确了体育强国建设的目标、任务和路径，特别强调了体育在促进健康中国建设、服务乡村振兴等方面的作用。农村体育作为体育强国建设的重要组成部分，开始在乡村振兴战略的引领下得到优化与发展，体育被赋予了助力全面脱贫和乡村振兴的新使命。2022年6月，由农业农村部、国家体育总局和国家乡村振兴局联合发布的《关于推进"十四五"农民体育高质量发展的指导意见》，进一步完善了农村体育发展的政策体系。这份文件对农村体育工作提出了新的要求，旨在通过体育促进农村经济、文化、社会的全面发展。该文件提出了打造"一地一品，一村一品"特色品牌的策略，旨在结合地域文化与自然资源，开发具有地方特色的体育项目和赛事，这不仅能够提升农村地区的知名度，还能够带动旅游、文化等相关产业的发展。同时，建立"全国农民体育健身基地"和推广"最美乡村体育赛事"等计划，旨在通过体育活动的普及，提高农民的身体素质，丰富乡村文化生活，促进社会和谐，同时也是乡村振兴战略实施的重要抓手。

政策制度在体育发展中的作用不容小觑，它们不仅是宏观调控体育行业走向的舵手，也是引导具体体育活动有序进行的航标。随着体育强国战略的深入推进，政策制度体系的构建与优化成为推动体育事业，尤其是农村体育发展的重要引擎。近年来，国家在农村体育领域连续出台了一系列政策，旨在激发基层政府的工作热情，强化政策扶持，为体育赋能乡村振兴铺设坚实的道路。2022年6月24日，全国人大常委会审议通过的《中华人民共和国体育法》修订案是这一进程中的里程碑事件。新修订的体育法不仅为体育工作的开展提供了更全面的法律支撑，还强化了体育法制体系建设，为农村体育的发展提供了更加稳固的制度保障。这一举措体现了国家对体育事业的高度重视，以及对农村体育在乡村振兴中的作用的认可。在具体实践中，要实现体育赋能乡村振兴，需要根据不同地区的实际情况，量身定制一系列配套制度，包括监督制度、考核制度、问责制度、激励制度，通过这些制度的建设与完善，可以有效保障体育赋能乡村振兴战略的顺利实施。

第四节 体育赋能乡村振兴的经济条件

一、经济增长为体育赋能乡村振兴提供了物质保障

我国经济的迅猛增长不仅重塑了国家的经济版图，更深刻影响了国民的生活方式与价值观念，这一变革为体育赋能乡村振兴提供了强大的内在驱动力。在社会结构中，经济与体育分别代表了物质基础与文化精神，它们相互依存，共同推动着社会的全面进步。经济，作为社会发展的物质根基，涵盖了生产活动中所产出的劳动产品，以及与之相伴的生产工具、生产力水平和生产关系的演进。这些要素不仅反映了特定时期的经济发展水平，也是衡量社会现代化水平的重要指标。当经济实力跃升至新的高度，它不仅带来了物质生活的丰富，也为文化精神层面的发展奠定了坚实的基础。体育，作为一种文化现象，虽非人类本能，却是社会发展的产物。它从最初的生存技能与劳动辅助，逐步演化为满足精神需要的载体，实现了从实用主义向人文主义的飞跃。体育文化源于生活，又高于生活，随着社会文明的演进，其内涵与外延不断扩展，成为了现代社会不可或缺的精神食粮。

当前，中国经济正以前所未有的速度发展，尤其在农村社会，消除绝对贫困的伟大胜利标志着"三农"工作迈向了乡村振兴的新征程。在这一历史转折点，我们应清醒认识到，物质文明的飞跃不应孤立存在，精神文化的繁荣同样至关重要。体育，作为精神文化的重要组成部分，不仅能够满足人们日益增长的健康生活需求，更能促进社会和谐，增强民族凝聚力，为乡村振兴注入文化活力与精神动力。因此，在乡村振兴的宏伟蓝图中，体育不仅仅

是休闲娱乐的手段，更是推动社会全面发展的催化剂。它能够促进农村居民身心健康，提升乡村文化软实力，激发乡村活力，推动农村经济多元化发展，实现物质文明与精神文明的双丰收。

现实社会的运作逻辑清晰地告诉我们，经济活动的本质始于人们对生存的基本追求。在生存问题尚未解决的境况下，更高层次的精神追求和生活方式自然难以萌发。这一点在中国的农村社会尤为明显，倘若经济长期停滞不前，农民仅能勉强维持温饱，那么体育活动，作为精神文化生活的一部分，必然无法获得应有的关注和发展空间。农村体育将局限于最基本的形态，乡村整体发展亦会因此受限，乡村振兴的宏伟目标更无从谈起。经济基础决定上层建筑，这一马克思主义原理在乡村振兴战略中得到了生动体现。一个国家或社会的经济发展水平，直接决定了其制度建设、法治环境、文化繁荣等上层建筑的形态与内容。同样，体育赋能乡村振兴的实践也遵循着这一规律，即经济的持续增长为体育事业在农村的蓬勃发展提供了坚实的经济和物质基础。

体育的发展与经济基础是密不可分的。随着中国步入全面小康社会，并稳步迈向中国式现代化的新征程，乡村振兴已成为现代化进程中不可或缺的环节。农村体育事业正是在这一背景下，依托日益坚实的经济与物质基础，迎来了前所未有的发展机遇。乡村振兴战略的实施，促使农村社会面貌焕然一新，经济的繁荣不仅改善了农民的生活条件，还为体育事业的发展创造了良好环境。体育的价值和功能在乡村振兴的实践中得以充分展现，它不仅促进了农民身心健康，丰富了乡村文化生活，还通过体育赛事和活动的举办，推动了乡村旅游业、体育产业的发展，为乡村经济的多元化和可持续发展注入了新动力。体育赋能乡村振兴，正是在深刻理解经济基础与体育功能相互作用的基础上提出的。体育作为文化与社会活动的一部分，其发展程度直接受经济条件的影响，经济条件的改善为体育事业的发展提供了更多的可能性和更高的平台。在乡村振兴的背景下，农村社会的经济发展水平显著提升，为体育事业提供了前所未有的机遇。体育活动的普及，满足了农民对健康生活方式的需求，体育产业的培育，为乡村经济的转型升级提供了新的动力。

二、农村经济与农村体育相互作用

在乡村振兴的宏伟蓝图中，农村经济作为关键驱动力，支撑着农村的全面发展。体育赋能乡村振兴，不仅意味着经济为体育奠定基础，更强调体育对经济的反哺作用，二者相辅相成，协同发展。体育活动直接拉动消费，通过赛事、健身、旅游等活动，刺激当地经济，创造就业机会，促进服务业发展。此外，体育文化的培育能够增强村民健康意识，优化劳动力结构，为经济持续增长注入活力。此外，体育还成为农村特色产业发展的催化剂，推动体育用品制造、体育培训等产业兴起，拓宽了农村经济的发展路径。因此，在乡村振兴实践中，农村体育事业的发展需紧密对接经济建设需求，探索体育经济融合的新模式，为农村经济转型升级提供创新思路。与此同时，农村经济的繁荣也应为体育事业开辟更广阔的空间，提供稳定的资金支持，确保体育设施完善、活动丰富。

在乡村振兴进程中，政策的精准实施对乡村经济与体育的融合发展至关重要。随着乡村振兴战略的全面实施，政府纷纷加大对乡村的支持力度，一系列政策措施相继出台，旨在推动乡村经济与体育事业的深度融合，提升乡村发展的整体质量。市场协调机制在这其中扮演了至关重要的角色。通过市场机制的高效运作，资源得以在乡村体育与经济领域间自由流动，实现了优化配置，从而使乡村体育和经济发展相互协调，使乡村体育的发展获得了强大的经济支持。

在传统经济格局下，农村的资源调配力量相对薄弱，且多处于未经人为干预的自然状态。在这样的背景下，体育事业的发展往往难以得到充分的保障和支持。在乡村振兴的战略部署中，产业振兴无疑是关键一环，它旨在提升乡村整体的经济实力和水平。这一经济增长的迫切需求及其营造的良好环境，为体育在乡村的蓬勃发展奠定了坚实的基础。随着乡村体育事业的逐步推进，体育在乡村振兴过程中所展现的新价值和功能日益凸显，进一步强化了体育在推动乡村振兴中的积极作用。因此，稳固的经济基础不仅是体育赋能乡村振兴的重要支撑，更是实现这一战略目标不可或缺的保障条件。

第五节　体育赋能乡村振兴的机遇与挑战

一、体育赋能乡村振兴的机遇

党的二十大擘画了全面建设社会主义现代化国家的新蓝图，明确提出了新时代新征程的目标任务。在这个宏伟蓝图中，体育强国的建设被赋予了新的历史使命，它是推进中国式现代化、实现中华民族伟大复兴不可或缺的一环。体育，作为社会发展与人类进步的重要标志，其内涵与外延在新时代得到了深化与拓展，不仅关乎国民体质的增强，更承载着塑造国家形象、弘扬民族精神、促进社会和谐的重大责任。要深入学习领会党的二十大精神，从理论与实践的双重维度出发，领悟体育强国建设的深远意义，深刻理解体育强国以及乡村体育高质量发展的重要意义，构建乡村体育高质量发展新格局，把握体育赋能乡村振兴的契机，将体育融入乡村振兴的整体规划之中，积极探索体育赋能乡村振兴的有效路径，努力开创乡村体育工作新局面。

具体而言，新时期体育赋能乡村振兴的重要机遇主要体现在以下几方面。

（一）发展高质量的乡村体育是建设体育强国的关键

党的十八大以来，以习近平同志为核心的党中央高度重视体育事业的发展，将其置于党和国家事业的关键位置，精心谋划并积极推动体育事业的改革与发展。在这一时期，我国体育事业取得了显著成就。

党的二十大所提出的具有重大现实意义与深远历史影响的伟大事业中，体育领域皆积极参与、贡献力量，充分展现了体育的独特价值与深远影响。尤其在实现脱贫攻坚、全面建设小康社会的历史性使命中，体育的力量尤为显著，具体体现在用体育精神提高思想境界，增加乡村的精神财富；用体育功能促进身心健康，增加乡村的健康财富；用体育丰富科学智慧，增加乡村的知识财富。[①]

党的二十大在"加快构建新发展格局，着力推动高质量发展"的重要篇章中，再次强调了高质量发展对全面建设社会主义现代化国家的重要性。其中，对于"全面推进乡村振兴"的论述尤为深刻，为我们指明了方向。这一论述不仅凸显了乡村振兴在整个国家发展大局中的关键地位，也深刻揭示了乡村体育发展在当前背景下所面临的重大机遇和严峻挑战。乡村体育作为乡村振兴的重要组成部分，其高质量发展对于实现体育强国目标和推动乡村全面振兴具有不可替代的作用。当前，我国乡村体育事业正处于快速发展的关键时期，但也面临着诸多问题和挑战。因此，我们必须深刻认识乡村体育高质量发展的重要意义，以更加坚定的决心和更加有力的举措，推动乡村体育事业不断迈上新台阶。

在全面建设社会主义现代化国家的新征程中，乡村振兴与体育强国是两大不可或缺的战略支点。欲筑现代化国家之基，必先固乡村之根，强体育之魂。乡村体育的繁荣，不仅是体育强国蓝图上的关键一笔，亦是乡村振兴画卷中不可或缺的一抹亮色。没有乡村体育的蓬勃发展，体育强国的梦想便难以圆满，乡村振兴的图景也将失色不少。因此，推动乡村体育事业的进步，既是打造体育强国的必由之路，亦是促进乡村振兴的重要内容。

（二）乡村振兴背景下发展农村体育的重要性

体育在乡村振兴中扮演着至关重要的角色，它不仅关乎个人健康与福祉，更是乡村社会全面发展的重要推手。在建设现代化美丽乡村的过程中，体育活动能够显著提升农民的身体素质和心理健康水平，这直接提高了劳动力的质量和工作效率，进而促进了农业生产力的提高和农村经济的繁荣。从更广泛的社会层面来看，体育作为一项全民性的活动，能够促进社区凝聚力的增强，丰富乡村的文化生活，传承和发展中华优秀体育文化。体育赛事和

[①] 张莹，邹青海，田冲.强师背景下体育教育助力振兴乡村基础教育的时代机遇、现实困囿与实践路径研究[J].武术研究，2023，8（08）：148-151+156.

日常锻炼活动成为乡村居民交流互动的平台，有助于建立和谐的邻里关系，形成积极向上的乡风文明，为乡村治理创造良好的社会环境。随着乡村振兴战略的深入实施，乡村的经济条件和基础设施得到改善，体育设施的建设和体育活动的开展也将更加普及和多样化。体育产业的兴起，如乡村旅游、休闲健身等，还能为乡村创造新的经济增长点，推动农村经济结构的优化升级，体育将成为实现农村健康、可持续发展的重要力量。

历史的发展经验让我们深刻认识到，乡村的繁荣是国家强盛的基石。尽管我国已步入全面小康社会，但在经济、社会服务、基础设施、医疗健康及体育等领域城乡差异依然显著。乡村振兴战略的推进，旨在精准应对这些挑战，缩小城乡鸿沟，同时也为体育发展提供了全新的舞台。体育在乡村振兴中扮演着重要角色，须紧密结合乡村振兴的总体部署，发挥体育的功能，为乡村建设贡献力量。随着乡村现代化进程的加快，农民对体育文化的需求日益增长，参与体育活动的普遍化促使他们对体育的理解更加深入，态度也更为积极。思想引领行动，正确的体育观念将为体育在乡村振兴中发挥作用奠定坚实的基础。国家持续加大对乡村基础设施的投入力度，结合民众生活品质的提升，乡村体育将迎来前所未有的发展机遇。在此背景下，乡村振兴中的体育工作应以民为本，着力提升农民的健康水平，提升体育对乡村振兴的贡献度。倡导多元主体投资乡村体育，不仅能够丰富乡村体育资源，还能激发乡村活力，为乡村振兴创建更加有利的环境，这也能促进强体育赋能乡村振兴的能力与水平的提升。

此外，乡村振兴战略的纵深推进，加之配套政策的有效落实，为乡村的全面振兴铺设了坚实的道路，显著缩小了城乡之间的差距。在这一背景下，"走出去"与"引进来"的双向互动，不仅加快了农村经济社会的现代化步伐，也为农村体育事业的蓬勃发展提供了沃土。体育赋能乡村振兴的良性循环正在形成。现代化、城市化与文明建设的协同推进，不仅提升了农村的硬件设施水平，也增强了农民的健康意识。体育活动的普及，不仅丰富了乡村文化生活，还促进了社会和谐与经济发展，这些也为体育赋能乡村振兴创建了更加有利的环境。

（三）全面推进乡村振兴给农村体育带来新机遇

实践表明，乡村体育事业的繁荣与地方经济实力、发展水平息息相关，二者彼此交织，相互促进。乡村振兴的核心在于提高农民生活质量，确保其基本生存需求得到满足。随着生活水平的稳步提升，农民追求精神文化生活的欲望愈发强烈，体育活动作为精神文化生活的重要组成部分，其地位和作用日益凸显。在物质生活丰裕、生产效率提高、闲暇时间充裕的基础上，体育赋能乡村振兴的策略方能落地生根、开花结果。得益于乡村振兴战略的深入实施，乡村产业蓬勃发展，农民收入显著增加，为体育活动的广泛开展奠定了坚实的物质基础。越来越多的农民投身体育锻炼，乡村体育活动的普及不仅丰富了农民的精神世界，还促进了其身心健康，增强了社区凝聚力。同时，体育活动的蓬勃开展反哺乡村振兴，形成正向反馈机制。它不仅提升了农民的幸福感和获得感，还激发了乡村活力，促进了经济社会的全面发展。可见，体育的作用得以充分发挥后，又会进一步推动体育赋能乡村振兴的实现。

政策和制度在体育服务社会并推动社会发展方面有着至关重要的作用。政府出台的一系列体育相关政策和制度对体育事业的蓬勃发展起到了强有力的推动作用。例如：2008年北京夏季奥运会与2022年北京冬季奥运会的成功举办，不仅彰显了中国的国际影响力，更让北京成为了独一无二的"双奥之城"，这背后离不开国家政策的大力支持与精心规划。乡村振兴战略的实施为乡村体育的发展开辟了广阔天地。2021年，《乡村振兴促进法》的正式实施，标志着乡村振兴进入了法治化轨道，为乡村的全面发展提供了法律保障。其中，体育作为提升乡村居民生活质量、促进乡村文化振兴和经济发展的重要手段，得到了政策的特别关注。随后，2022年对《中华人民共和国体育法》的修订，进一步明确了体育在国家发展全局中的地位，强调了体育在促进人民健康、提升国民素质、增进民生福祉等方面的重要作用，特别是对乡村体育的扶持和引导，为乡村体育设施的建设、体育活动的开展、体育文化的培育提供了更加具体的指导和支持。这些政策和制度的出台与实施，不仅体现了国家对体育事业的高度重视，更为乡村体育的发展创造了前所未有的机遇。

在推动农民工返乡参与乡村振兴的伟大实践中，激活乡村产业源头、夯实农民返乡创业根基是关键之举。体育，以其独特的经济价值和作用，在这一进程中扮演着举足轻重的角色。将体育元素融入乡村的田园风光、自然美景和绿色产业，不仅能打造集体育休闲、娱乐与研学旅游于一体的高品质平台，还能拓宽乡村产业的发展路径，吸引更多的目光。广阔的乡村空间，本身就是开展各类体育活动的天然舞台。无论是依托农耕文化举办特色体育赛事，还是推广群众性体育活动，都能有效汇聚人气，激发乡村活力，为乡村产业发展注入新动力。当前，政府对农民工返乡创业的政策支持，促使一部分人回归乡村，他们中既有专注于传统农业生产的，也有通过"农业+"模式探索产业创新的。虽然直接涉足体育产业的人不多，但他们的城市生活经历使他们对体育有深刻的理解，这正是体育赋能乡村振兴的宝贵资源。因此，引导返乡群体重视体育赋能乡村振兴，使其成为乡村体育文化的传播者、体育生活的引领者和体育产业的支持者，显得尤为迫切。这些从城市归来的农民，将为乡村带来一股清新的体育风潮，推动乡村经济社会发展迈上新台阶。他们的参与，不仅能够提升乡村居民的健康水平和生活质量，还能促进乡村产业多元化发展，为乡村振兴注入持久的内生动力。在乡村振兴的伟大征程中，体育作为连接城市与乡村、过去与未来的桥梁，将展现出其独特而强大的生命力。

公共基础设施的升级迭代为乡村体育设施的扩容提质提供了坚实支撑。作为全民健身活动的基石，体育基础设施建设不仅是乡村体育发展的重要抓手，更是提升农民生活质量、促进乡村社会全面进步的关键环节。《乡村振兴促进法》为农村体育设施的建设与完善提供了法律保障，强调政府应构建覆盖广泛、运行高效的乡村公共文化体育设施网络，为乡村体育事业的发展保驾护航。遵循法律法规要求，政府需细致规划、严格监管，确保体育设施的建设符合标准、贴近需求，让每一处设施都能发挥其应有的功能。完善的体育设施，不仅能够满足农民的健身需求，提升其身体素质，还能增强社区凝聚力，丰富乡村文化生活，推动乡村社会的和谐发展。与此同时，乡村振兴的广泛影响力和与日俱增的社会关注，为乡村体育设施建设开辟了多元化的筹资渠道。社会各界力量的积极参与，尤其是企业的捐赠与支持，为乡村体育设施的建设提供了额外的资金保障，进一步加快了设施的布局与完善。

政府与社会力量携手合作，共同致力于乡村体育设施建设。

在乡村振兴战略的引领下，农村面貌焕然一新，生态环境与居住环境显著优化。"多规合一"的乡村建设方案，为农村体育基础设施的科学布局提供了强有力的支撑。合理规划农民居住区，实现了生活与体育休闲的完美融合，浓厚的文体氛围悄然形成。在集中式居住模式下，体育设施效能可以达到最大化，即使在资金有限的条件下，体育服务乡村的红利也能惠及更多人，让更多村民在体育中获得健康与快乐。

二、体育赋能乡村振兴的挑战

在深刻认识到乡村振兴为体育事业发展带来的宝贵机遇的同时，为了更有效地发挥体育在乡村振兴中的积极作用，我们有必要对当前阶段体育在乡村建设过程中所遭遇的种种挑战进行精准的分析和判断。当前，由于我国各地在地理、经济、社会和文化等方面的显著差异，特别是东、中、西部区域经济水平的巨大差距，导致我国农村体育发展严重不均衡。总体来看，我国农村体育发展水平相对较低，且存在诸多不足。不仅体育设施和服务不够全面，而且发展不均衡的问题也尤为突出。这使得广大农村居民的体育文化需求无法得到充分满足。无论是人均体育场地设施的数量，还是经常参与体育活动的人数，以及体育组织的规范化程度，农村与城市相比存在着明显的差距。

农村体育发展落后本身就是体育赋能乡村振兴的最大挑战，主要问题与不足体现在以下几方面。

第一，体育组织化程度与产业融合不足：农村体育组织化水平普遍较低，体育产业未能充分嵌入乡村振兴的各个环节，农村体育教育体系不健全，体育场地设施建设和竞赛平台建设滞后，限制了体育活动的普及和影响力的发挥。

第二，农民体育认知与参与度受限：农民对体育的误解普遍存在，获取体育知识的渠道狭窄，信息流通不畅，导致参与体育活动的意愿不强，对体育在促进身心健康方面的作用认识不足，从而忽略了体育的潜在价值。

第三，基层政府体育管理职能弱化：乡镇及村级政府在体育管理方面作用发挥不充分，相关规章制度执行不力，缺乏有效的监督和激励机制，影响了体育政策的实施效果。

第四，专业体育指导与管理缺失：缺乏专业的体育组织和指导人员，体育指导员配备不足，导致农民健身活动缺乏科学指导，体育管理体系不完善，影响了体育活动的质量。

第五，体育文化传播与宣传不足：对体育精神和体育文化的宣传力度较小，传统体育文化的传承与弘扬受到限制，宣传途径单一，难以有效激发农民对体育的兴趣和热情。

上述农村体育的不足与问题阻碍了体育在乡村振兴中发挥作用，因此需要采取对应措施来应对这些挑战，如加强农村体育组织建设，促进体育产业与乡村振兴的融合；拓宽农民获取体育知识的渠道，增强体育意识；强化基层政府的体育管理职能，完善体育运行保障机制；引入专业体育组织和指导人员，建立科学的体育管理体系；加大体育文化宣传力度，弘扬体育精神；等等。

第五章

农民体育健身赋能乡村振兴的路径

农民体育健身不仅是提升农民个体身体健康水平和幸福感的关键因素，也是实施健康中国战略、全面建成小康社会的重要一环，它从多维度赋能乡村振兴战略的推进。政府层面应当加大对农民体育健身工作的关注度，确保农村全民健身活动在乡村振兴的大潮中发挥出最大的效能，助力乡村成为居民宜居乐业的理想家园。本章主要对农民体育健身赋能乡村振兴的路径进行研究，内容主要包括农民体育健身推动乡村振兴的功能定位、农民体育健身现状、农民体育健身工程建设、农民体育健身公共服务体系建设、乡村振兴战略下农民体育健身发展研究、农民体育健身项目指导以及农民体育健身赋能乡村振兴的案例分析。

第一节　农民体育健身推动乡村振兴的功能定位

乡村振兴是一个全面而深远的战略，它超越了单纯的经济增长范畴，涵盖了生态环境保护、社会和谐进步、文化传承创新等多元目标，旨在全方位提升乡村的生活质量和可持续发展能力。农村全民健身活动，在这一宏伟蓝图中扮演着重要的角色，它从多个维度助力乡村实现"产业兴旺、生态宜居、乡风文明、治理有效、生活富裕"的全面发展愿景，为乡村振兴战略的实施提供强劲动力。

一、农民体育健身推动乡村产业兴旺

乡村振兴，产业兴旺是关键。产业与消费之间存在着相辅相成、相互促进的动态平衡关系，激发农民的体育消费意愿，推动体育消费结构的优化升级，是促进乡村体育产业及关联产业发展的有效途径。我国乡村人口规模庞大，构成了一个巨大的潜在消费市场，然而，过去体育产业的布局和产品供给主要聚焦于城市，农民的体育需求并未得到充分关注。此外，受传统消费观念的影响，乡村地区的体育消费意识相对较弱，体育消费水平总体偏低，致使其巨大的消费潜力未能得到充分挖掘。全民健身运动的普及，能够有效激活体育消费市场，释放居民的消费潜力，成为体育产业发展的内在驱动力。在乡村地区推广全民健身，不仅能够培养农民的体育兴趣和消费习惯，提升其参与体育活动的积极性，还能激发他们对体育产品和服务的消费欲望。这将直接拉动农民体育健身服务业等相关产业的快速发展，为乡村经济注入活力。

二、农民体育健身助力乡村生态宜居

对于那些坐拥"绿水青山"的美丽乡村来说，其得天独厚的生态环境正是其最显著的优势和宝贵的财富。农民健身运动的推广与实施，不仅能够引导人们深入体验和欣赏乡村的自然美景，还能够在促进健康的同时，对乡村的生态环境和居住环境起到保护与优化的作用。

人类的生存与发展深深植根于优良的生态环境之中，然而，随着社会的飞速发展与经济的繁荣，环境污染、土地退化等环境问题日益凸显，成为社会可持续发展的重大障碍。面对这一严峻挑战，《乡村振兴战略规划（2018-2022年）》明确提出了"绿水青山就是金山银山"的发展理念，强调了尊重自然、顺应自然、保护自然的重要意义，彰显了国家对保护乡村生态环境的高度关注与坚定承诺。体育活动与生态环境息息相关，许多体育项目的开展依赖良好的自然环境与场地条件。近年来，"生态体育"作为一种倡导人与自然、社会和谐共生的新兴体育形态，逐渐受到关注。生态体育的核心在于追求人、自然、社会及体育之间的平衡与协调，旨在通过科学、健康、环保的运动方式，引导农民树立生态保护意识，实现人与自然、人与社会、人与自我之间的和谐共生。农民健身运动的推广不仅能够提升农民的身体素质，更重要的是，它能够使生态体育的理念深入人心，促使人们在日常运动锻炼中自觉保护环境。当"生态体育"体系得以建立和完善，人们将更加深刻地理解并接纳"生态意识"，不仅在参与体育活动时注重环境保护，即使在脱离体育场景，扮演其他社会角色时，也能将生态理念融入工作与生活的方方面面，从而激发全社会共同参与生态环境保护的热情，用生态学中的"与自然同行"理念指导我们的行为，为乡村地区的生态环境保护工作贡献力量。

人类的幸福生活与高质量发展，离不开宜人的居住环境与完善的基础设施。优化乡村基础设施与公共服务体系，是提升乡村居住品质的关键环节。近年来，我国在农村体育设施建设方面取得了显著成就，诸如"农民体育健身工程""雪炭工程"与"全民健身路径工程"的推进，极大地丰富了农村体育设施，有效缓解了农民日益增长的体育文化需求与体育设施短缺之间的矛盾。农村体育基本公共服务的普及，意味着让每一位农民都能平等享受到良好的体育环境与条件，获取与乡村社会发展水平相匹配的公共产品和服务。这不仅关乎农民的生活质量，更直接影响着他们的身心健康。全民健身工作的深入开展，正不断推动我国公共体育设施的丰富与升级，促进公共体育服务体系的日益完善。这不仅为农民创造了更为舒适便捷的健身环境，提供了更多元化的体育服务，还为他们创造了一个更加宜居宜业的生产生活空间。

三、农民体育健身树立乡村乡风文明

农民健身事业的蓬勃发展，不仅有力地提升了农民的身体素质，更在精神层面产生了深远影响，对于抵制乡村不良习俗、净化社会风气、弘扬优秀体育文化及传承人类文明精神具有不可替代的价值。在应对社会转型带来的心理冲击方面，体育锻炼以其直接且有效的特性，成为满足个体生理与心理需求、调节与塑造积极社会心态的重要途径。乡村体育活动，如武术、太极拳、健身气功等传统项目，以及乒乓球、篮球、足球、羽毛球等现代体育活动，不仅深受中老年群体喜爱，也吸引了广大青年农民积极参与。这些活动的举办，极大地激发了农民参与体育锻炼的热情，有助于培养积极向上的情感，增强社会公平感与集体归属感，构建和谐社会。随着越来越多的农民参与体育锻炼，身体健康、精神饱满、勤劳致富的人群比例显著增加，迷信、赌博等不良行为的参与者大幅减少，懒惰投机之风亦得到有效遏制。这种转变对于全面提升农民综合素质、抵制乡村消极落后的娱乐习俗、净化风气及树立健康文明的社会风尚具有极其重要的现实意义。体育，作为社会文化的重要组成部分，正以其独特魅力引领乡村向着更加文明、健康、和谐的方向发展，为乡村振兴注入了巨大正能量。

在弘扬优秀体育文化和传承人类文明遗产方面，中国乡村的传统体育活动扮演着至关重要的角色。历史悠久的体育项目，深深植根于当地的生产和生活习俗之中，历经千年沉淀，成为了提升民族健康水平、激发民族活力、展现民族特色和提振民族精神的宝贵财富。以端午节的赛龙舟为例，这项活动不仅是对身体力量与技巧的考验，更承载着深远的文化意义。龙舟比赛不仅锻炼了参赛者腰部、背部以及四肢肌肉的协调性和身体平衡能力，而且通过纪念爱国诗人屈原，弘扬了爱国主义和集体主义精神，成为了一种跨越时空的文化纽带，连接着过去与现在、传统与现代。在乡村推广农民健身活动，实质上是对中华民族传统体育的继承与发扬。这不仅包括促进那些具有民族特色的传统体育项目加速发展，还涉及对一些濒临失传的民族民间体育活动进行抢救性保护，确保"中华民族传统体育保护工程"真正落到实处。通过这样的方式，不仅能够提升乡村居民的身体素质，还能促进民族文化的传承，守护和丰富人类的文明成果。乡村体育活动的开展，不仅为村民提供了健康的生活方式，更在无形中传递着民族的历史记忆和文化自信，增强了民众对本土文化的认同感和自豪感，为构建和谐社会、促进文化多样性作出了重要贡献。

四、农民体育健身夯实乡村治理有效

在乡村地区建立体育社会组织能够有效推动基层治理现代化，主要体现在以下两个方面。

（一）推动治理主体多元化

体育的发展涵盖了广泛而深刻的层面，旨在全方位满足大众对体育活动的多元化需求。鉴于此，单纯依靠政府已难以实现体育的发展目标。现在，体育社团正逐步崭露头角，成为推动体育事业多元化发展的关键力量。在乡村，由乡镇中具备体育技能的专业人士、乡镇或村企业家、体育爱好者自发成立的正式或非正式体育协会，成为了农民自主管理、自我服务的群众性体育组织。这些组织在多个领域展现出强大的功能与影响力，如承接政府公共体育服务、宣传体育法律法规、组织体育竞赛和健身活动、开展体育运动知识技能培训等。

（二）推动治理方式民主化与法治化

在乡村地区，无论是培育正式还是非正式的体育社会组织，都是激发普通农民参与体育公共事务的热情、主动性和创新精神的重要途径。这一过程不仅凸显了农民在体育活动中的主体地位，还鼓励他们勇敢表达个人意愿，积极参与到体育社会组织举办的各项活动中来，从而充分施展自己的智慧和才能，在体育治理中发挥重要作用。这不仅有助于提升他们的自我管理、自我教育和自我服务能力，还能增强他们在体育治理过程中的参与感和责任感，加快治理模式的民主化进程。

五、农民体育健身带动乡村生活富裕

全民健身活动对于实现全民健康至关重要，它是增强国民体质、增进民众福祉的基础。在乡村地区积极开展农民健身活动，不仅能促进农民身体健康，还能从以下两个层面促使农民生活更加富裕。

（一）提升农民体质健康水平

农民体质的增强与健康水平的提升，是其幸福生活不可或缺的基石。在乡村地区系统开展国民体质监测和全民健身科学指导工作，对于农民而言，意味着能够深入了解自身的体质状况，获取专业、科学的健身知识，并获得个性化的锻炼指导。这不仅有助于农民在选择锻炼项目、安排运动量与运动周期时，做到目标明确、手段科学、方法合理，还能够促使其形成健康的生活习惯，提升整体健康水平。例如，"千万农民健身活动"和"农民丰收节体育健身活动"等特色体育活动，凭借其丰富多样的体育活动和浓厚的参与氛围，成功吸引了大量农民积极参与。这类活动不仅让农民在轻松愉快的氛围中享受体育的乐趣，还显著提高了他们参与体育锻炼的积极性。规律的身体锻炼是促进健康、增强体质的关键。长期坚持体育锻炼，不仅可以增强农民的心肺功能、肌肉力量和身体灵活性，还能有效预防各种慢性疾病，提高生活质量。通过体育锻炼，农民不仅能够拥有更强健的体魄，还能在精神层面获得愉悦与满足，从而全面提升幸福感。

（二）减轻农民医疗负担

随着经济社会的发展，农民的生活水平显著提高，但这也伴随着饮食结构的变化，从传统的清淡饮食逐渐转向高脂肪、高热量、低纤维的饮食模式。加之农民健康意识相对薄弱，缺乏规律的体育锻炼，导致慢性疾病如高血压、心脑血管疾病等问题日益凸显。这些疾病不仅严重影响农民的健康，还带来了沉重的经济负担，高额的医疗费用往往成为压垮农村家庭的最后一根稻草。面对这一挑战，农民健身工作的广泛开展成为一种低成本、高收益的健康策略，对于改善农民健康状况、提升生活质量具有重要意义。农民健身工作能够为农民提供科学健身指导、培养农民健康生活习惯、增强农民健康意识、有效预防农民慢性疾病、促进农民经济与家庭稳定、减轻农民医疗负担，最终提升农民生活质量与幸福感。

第二节 农民体育健身现状

本节主要从健身项目、健身场地、健身活动组织形式、健身指导这几个方面了解农民体育健身的基本情况。

一、健身项目

农村居民参与体育锻炼通常倾向于那些普及率高、成本低廉的活动，如跑步、散步、广场舞、羽毛球和篮球等。这些项目不仅易于上手，而且不需要过多的经济投入，因此在农村地区特别受欢迎。然而，值得注意的是，随着摩托车和电动车在农村的普及，将骑自行车作为一种锻炼方式的人数有所下降，这是因为现代交通工具的便利性降低了人们选择自行车作为日常出行和锻炼方式的兴趣。武术、舞龙舞狮等中国传统的民间体育项目，尽管蕴含着丰富的文化内涵和历史价值，但由于受到季节限制或是缺乏专业技术指导，参与人群相对较少。乒乓球场地设施虽然被列为农村体育设施的必建项目之一，但在实际中，从事乒乓球锻炼的人数并不算多。这可能与场地的分布、数量以及设施的维护有关。尽管政策层面已经明确了体育设施的建设要求，但在广大的农村社区中，这些设施的建设力度仍然不够，场地匮乏依然是制约农村体育活动开展的主要因素之一。

二、健身场地

农民体育健身活动场所具有多样性。调查发现，在自家院内、村周边空地或村镇公共体育场所锻炼的农民比例较高，这显示出农民倾向于利用身边容易获得且免费的资源进行体育活动。相比之下，选择在学校体育场所或私营文体活动场所健身的农民较少，这一现象背后的原因值得探究。一方面，缺乏体育设施齐全的活动场所是主要制约因素。即便在拥有体育设施的农村社区，由于开放程度不足，难以满足农民健身的需求。比如，农村学校的体育设施往往因为缺乏必要的维修经费，只能优先服务于校内教学活动，很少对外开放，这限制了农民使用这些设施。另一方面，村镇的公共体育设施虽然对外开放，但由于缺乏有效的管理，设施维护不当，导致许多体育器材损坏严重，无法正常使用。这不仅影响了农民的锻炼体验，还可能带来安全隐患，影响了农民使用这些设施的积极性。

三、健身活动组织形式

在农村地区，体育活动的组织形式以农民自发形成的小团体为主，这种现象反映了农村体育活动的非正式性和分散性特征。尽管健身站点或村委会也会偶尔组织一些健身活动，但相比于自发性活动，这类有组织的活动比较少。乡镇体育协会或体育行政部门本应该承担起组织管理责任，其在实际操作中并没有发挥出应有的作用，这表明农村体育活动的组织水平还有待提高。

四、健身指导

近年来，随着乡村振兴战略的深入推进，农村体育健身领导机构的建设取得了显著进展，这体现了政府对农民体育事业的高度重视。然而，在乡镇健身站点和农村体育指导站的实际运作中，却暴露出"重文艺轻体育"的倾向，表现为体育专业人才的缺失，多数站点缺乏具有体育专业背景的工作人员。尽管在一些农村地区有专门的组织负责体育工作，但实际上，工作人员多由中小学体育教师兼任，他们在体育专业知识和技能方面存在不足，这直接影响了农村体育工作的专业性和有效性。

调查了解到，农民普遍缺乏体质测试和科学健身指导，这反映出农村地区在健身指导与讲座培训等方面的资源匮乏，缺乏科学健身指导是当前农民体育发展中的一个短板。

第三节 农民体育健身工程建设

一、农民体育健身工程的含义

农民体育健身工程是以行政村为主要实施对象,以经济、实用的小型公共体育健身场地设施建设为重点,把场地建到农民身边,同时推动农村体育组织建设、体育活动站(点)建设,广泛开展农村体育活动,构建农村体育服务体系。[1]体育场地建设的基本标准是一块混凝土标准篮球场,配备一个标准篮球架和两张室外乒乓球台。农民体育健身工程是国家体育总局为推进农村体育发展而开展的公共服务项目之一。该项目也是调整国家财政关系、推进基层治理的重要措施,有助于推进农村体育事业的快速发展。

二、实施农民体育健身工程的重要意义

我国作为农业大国,农业、农村和农民问题始终是国家发展的重要议题。农民体育健身工程的实施,不仅能增强农民的体质,丰富其业余文化生活,还是乡村振兴战略的重要组成部分,对于促进农村全面发展具有深远意义。

农民体育健身工程的实施远不止于简单地建设体育设施,它是一项系统工程,旨在通过体育设施的建设和体育活动的开展,实现多方面的目标,对农村社会、经济、文化的全面发展具有深远影响。体育设施的建设是基础,

---

[1] 邰昌店,肖伟,郭修金.农民体育健身工程的运行逻辑、项目不足与完善思路[J].天津体育学院学报,2015,30(01):23-28.

它直接缓解了农民体育健身需求多元与农村体育设施不足之间的矛盾，为农民提供了锻炼身体、增强体质的平台。但这仅是第一步，更重要的是通过这一过程，促进乡镇农村体育组织机构的建立与完善，这些组织机构将成为推动农村体育事业持续发展的核心力量。而且，农民体育健身工程注重体育骨干的培养，体育骨干不仅能够组织和指导体育活动，还能够传播体育文化，激发农民的体育热情，从而带动更多农民参与到体育活动中来，形成积极向上的体育氛围。再者，通过体育活动的开展，可以引导农民形成科学文明的生活方式，促进农民体育消费观念的更新，这对于改善农民体质健康状况、提高生产效率和生活质量具有重要作用。健康的身体是提高生产力的基础，而生活质量的提升则直接关系到农民的幸福感和满意度。农民体育健身工程对乡村振兴和社会和谐的促进作用不可小觑。体育活动的普及有助于增进邻里间的交流与理解，增强农村社区的凝聚力，稳固基层政权，促进城乡全面协调与可持续发展，为构建和谐社会奠定坚实基础。

下面具体从四个方面认识实施农民体育健身工程对乡村振兴的重要意义。

（一）新时期体育工作发展的全新道路

农民体育健身工程的顺利实施，无疑为我国体育事业的全面发展奠定了坚实的基础，开启了一条创新的发展路径。它有力地促进了体育活动从专业竞技向大众健身转变，同时加速了体育资源在城市与农村的均衡分配。这一工程的持续推进，不仅增强了不同地区之间、城乡之间以及各类人群之间体育发展的协同性与均衡性，还极大地推动了农村体育健身事业的长远发展。更重要的是，它深刻改变了农村的村容村貌，弘扬了民俗乡风，成为了新时代乡村振兴进程中的一大亮点，为乡村的全面振兴增添了独特的色彩。

（二）能够为农民谋利益、办实事的工程

农民体育健身工程是一项具有重大意义的民生工程，它直接关乎广大农民的福祉，是解决"三农"问题、促进乡村全面振兴的重要抓手。在我国这

样一个农业大国，农业的繁荣、农民的富裕和农村的稳定是国家经济基础稳固、社会长治久安的根本保障。"三农"问题的妥善解决，不仅关乎经济发展，更关系到社会稳定和长治久安，是党和国家工作的重中之重。

随着农村经济的快速发展和农民生活水平的不断提高，农民对于精神文化生活的需求日益增长，体育文化活动成为了满足这一需求的重要途径。农民在追求物质生活富足的同时，也越来越重视精神生活的充实和个人健康的维护。体育健身不仅能够提升农民的身体素质，增强其劳动能力，还能丰富其精神世界，提高生活质量。农民体育健身工程的实施，顺应了时代潮流，它通过建设体育设施、开展体育活动，满足了农民对于健康生活的需求，提升了农民的健康水平和生活质量，促进了农村社会的和谐稳定。同时，农民体育健身工程的广泛开展，也标志着体育健身真正走向了全民化，体现了体育事业发展的公平性和普惠性，是体育强国战略的重要组成部分。更为重要的是，农民体育健身工程的推进不仅提升了农民个体的健康水平，还促进了农村整体面貌的改善，增强了农村社区的凝聚力，推动了农村文化的繁荣，为乡村振兴战略的实施提供了强有力的支持。

（三）有助于农民健康生活水平的提高

世界卫生组织将健康定义为"一种身体上、心理上和社会适应上的完好状态，而不仅仅是没有疾病或虚弱"，这一定义强调了健康是一个综合的概念，包含了身体健康、心理健康和社会适应力强三个层面。这一定义被广泛接受并深入人心，促使人们开始重视全面健康的重要性，摒弃了无病即健康的传统观念。对于农民而言，身体健康是其进行农业生产活动、维持家庭生活和社会交往的基础。农民长期从事体力劳动，身体健康状况直接影响到其劳动效率和生活质量。因此，开展大范围的农民体育文化活动，对于提升农民的身体素质具有重要意义。体育锻炼能够增强心肺功能和肌肉力量，改善血液循环，预防慢性疾病，从而全面提升农民的健康水平。与此同时，体育活动还对农民的心理健康产生积极影响。农民定期参与体育锻炼可以减轻压力，释放负面情绪，提高心情愉悦感，增强自信心和社会归属感。良好的心理状态有助于农民更好地应对生活中的挑战，保持乐观向上的人生态度，促进家庭和谐。总之，大范围开展农民体育文化活动，能够显著提升农民的身体健康和心理健康水平，使其能够以更加饱满的精神状态投入生产生活中，进而推动农村生产力的发展，为乡村振兴战略的实施奠定坚实的基础。

（四）有助于增进农民的社会交往

体育活动不仅能够促进个体身心健康，还能促进社会的和谐与进步。在农村环境中，体育活动的社交功能非常突出，它为农民提供了一个交流互动的平台，有助于构建紧密的社区关系网，促进农村精神文明建设，推动农村社会的和谐发展。农民参与体育活动，不仅能够促进身体健康，还能通过共同的体育爱好和活动，拉近村民之间的距离，建立友谊，这对于增强农村社区的凝聚力至关重要。在体育活动中，农民可以跨越年龄、性别和职业的界限，通过团队合作和竞争，学会尊重他人、公平竞争，这些价值观的传播有助于营造健康、积极的农村文化氛围，促进乡村文化振兴。

总之，农民体育健身工程的建设不仅优化了农民群众参与体育健身活动的环境，还提升了他们生活环境的品质。同时，这一工程极大地丰富了农民群众的文体生活，使体育成为他们日常娱乐与休闲的重要组成部分。通过此举，我们推动了全民健身公共服务体系的不断健全，以及全国群众体育事业的蓬勃发展。农民体育健身工程不仅凸显了体育在社会发展中的重要作用，也展现了其对于乡村建设的积极影响，为乡村振兴提供了强有力的支持。此外，这一工程还极大地促进了社会主义精神文明建设和体育文化事业的繁荣发展，为构建和谐社会、提升国民健康水平作出了重要贡献。

三、农民体育健身工程实施中的问题

（一）工程选址不周全

尽管农民体育健身工程在全国范围内取得了一定的进展，但在实际推进过程中，仍存在一些不容忽视的问题。最突出的是区域发展不平衡现象，具体表现为东西部地区之间、城乡之间体育健身设施的建设存在明显差异。东部经济发达地区，由于经济基础较好，政府和社会对体育事业的投入相对充足，体育健身设施的建设数量多，且工程质量普遍较高，能够较好地满足当地农民的健身需求。相比之下，西部经济欠发达地区，受到资金、技术等资源匮乏的影响，体育健身设施的建设数量较少，工程质量也相对较差，难以满足当地农民日益增长的体育健身需求。

从工程选址的角度看，近郊地区体育健身设施的建设数量较多，这主要是因为近郊地区与城市中心距离较近，人口密度相对较大，便于设施的使用和管理。而远郊地区，由于人口分散、交通不便等，体育健身设施的建设数量较少，导致这些地区的农民健身需求得不到满足。这种不平衡现象不仅影响了农村体育工作的整体推进，也加剧了城乡之间、区域之间的体育资源分配不均。

（二）认识不到位

在农民体育健身工程的推进过程中，政府部门对这项工程的认知和态度很重要。在一些省份，尤其是西部经济欠发达地区，政府对农民体育健身工程的重要性和紧迫性认识不足，"等、靠、要"思想严重，一些基层政府存在依赖上级拨款和政策支持的心态，缺乏主动性和创新性，等待上级指令和资金到位才开始行动，而不是主动寻找解决问题的方法。基层政府在农民体育健身工程的规划、建设、管理和维护上表现得不够积极，没有充分发挥主观能动性，导致工程进度缓慢，甚至停滞不前。基层干部和群众对体育健身工程的参与度不高，没有形成良好的共建共享机制，这在一定程度上影响了工程的建设质量和后期的使用效果。

（三）有关部门缺乏沟通

农民体育健身工程建设尽管取得了一定的进展，但地方各部门间的合作机制尚待完善。目前，有关部门间尚未形成协调有效的配合局面和联动机制，这在一定程度上影响了工程的顺利推进。在项目规划、建设过程和资金拨付等关键环节，仍存在工作关系脱节的情况，这导致了工程进度的延误。此外，许多地方在资源整合和统筹规划方面仍显不足，体育、文化、教育等相关部门在农民体育健身工程建设中尚未形成合力，缺乏共同谋划和协同推进的意识和行动。这在一定程度上制约了农民体育健身工程的整体建设效果。

四、乡村振兴视域下农民体育健身工程实施的改进策略

（一）工程选址要考虑周全

在工程选址过程中，我们务必深入实地调研，充分考虑广大农民的实际情况，以满足他们的健身需求，从而全面推进农村体育的蓬勃发展。此外，在选择农村体育活动内容时，我们应着重关注以下两个方面。

一方面，我们必须因地制宜，选取那些深受农民喜爱且参与度高的体育活动项目。我们应充分利用农民体育健身工程的场地设施，常态化地组织如篮球、乒乓球、羽毛球、排球、台球、武术等体育健身和竞赛活动，确保这些活动能够贴近农民生活，符合他们的兴趣爱好，从而提高他们的参与热情。

另一方面，我们应构建具有农村特色的体育内容体系。在农闲时节和传统节日里，我们可以将体育活动与农民的生产劳动相结合，将趣味性与常规竞技项目相融合，比如组织跳绳、踢毽子、拔河等富有趣味性和竞技性的活动。这样的安排不仅能够丰富农民的业余生活，还能让他们在参与活动的过程中感受到体育带来的快乐，从而进一步推动农村体育事业的发展。

（二）提高思想认识

农民体育健身工程是一项惠及民众、利于民生的重大举措。在建设过程中，我们必须高度重视，提高对此项工程的认识，加大领导力度，并指派专人负责该项工作的推进与实施。同时，我们要严格把控质量，确保每一环节都达到规定的标准与要求，从而扎实推进全民健身公共体育服务基础设施的建设。

（三）培养农村体育骨干

培养农村体育骨干是推动农村体育事业发展、提升农民健康水平的关键。这一工作需要系统规划和从多方面努力。

首先，制定优惠政策，吸引专业人才。通过提供优惠政策，如减免税收、提供住房补贴和职业发展机会等，鼓励高校社会体育专业的毕业生到乡镇基层组织就业，为农村体育指导员队伍注入新鲜血液，提升队伍的专业水平；建立完善的农村体育指导员选拔和培训机制，确保每位指导员都具备相应的专业知识和技能，能够有效指导农民开展体育活动。

其次，加大培训力度，提升骨干能力。对农村体育骨干定期进行专业培训，涵盖体育理论知识、运动技能、活动组织、健康指导等内容，提升其综合素质；"从群众中来，到群众中去"，培训应注重实践性，让体育骨干能够扎根农村，了解农民的实际需求，更好地服务农村体育事业。

最后，整合资源，培养中坚力量。结合"文化中心户""文化协管员"建设，将体育骨干培养与农村文化振兴相结合，利用现有的文化设施和人力资源，通过捆绑式培训，提升体育骨干在体育活动组织和指导方面的能力。

（四）严格执行监督机制

每年大量的农民体育健身工程设施被分配至全国各处，然而，对这些设施的名称、具体位置以及使用状态等信息的记录却缺乏统一规范，导致不能确定这些设施是否真正服务于农民。特别是一些地方农民体育健身工程的申请流程中暴露出的一些不正当行为，更凸显了监管的必要性和紧迫性。作为监督机构，地方体育局肩负着确保公共资源合理利用的重大责任。为此，该部门应严格采取一系列措施，包括对所有申请单位进行实地考察，不仅在器材申请阶段，更在安装完成后亲自前往现场，核实安装情况并进行详细记录。对于那些虚报冒领、器材到位后拖延安装的行为，必须施以严厉的惩罚，确保每一件体育器材都能切实惠及农民，且所有数据准确无误地登记在案。此外，对于中标公司，同样要加强监管，确保器材的质量把控和售后服务均能严格按照合同条款执行。农民体育健身工程的器材不仅要数量到位，更要管理到位。因此，政府应考虑成立专门的监督部门，建立健全相关规章制度，一旦器材安装完成，即刻加强对场地和器材的日常保养与维护，建立明确的责任追究机制，形成一套行之有效的制度体系，以此延长场地器材的使用寿命，保障农民体育健身工程的长期效益。

第四节 农民体育健身公共服务体系建设

一、农民体育健身公共服务体系建设的内容

农民体育健身公共服务体系是一个全面复杂的系统，涵盖体育场地设施系统、体育活动指导系统、体育健身组织系统、体育信息供给系统等要素，下面进行具体分析。

（一）体育场地设施系统

体育场地设施系统是农民参与体育健身活动的基础平台和物质支撑，是满足农民体育健身需求的重要保障。缺乏符合农民实际需求的体育设施，将

直接制约农民体育健身活动的开展，进而影响到农民的健康生活。体育场地设施系统包括公益性和非公益性两类。公益性体育场地，作为政府统一规划、项目统筹确定并提供经费保障的产物，其本质是非营利性质的农村体育设施。这类场地的建设，对农村体育事业的发展起着基础作用，是推动农村体育蓬勃发展的先决条件。对于农民而言，公益性体育场地的建设带来了诸多益处：日常生活中，它为农民提供了进行体育锻炼的便利条件；节假日期间，又成为举办各种文化体育活动的场地；此外，它还是社会体育指导员向农民传授健身知识的教育基地，以及农民之间交流体育经验和文化信息的互动平台，甚至在农忙季节，还具有晒谷的实用功能，充分体现了其多功能性和实用性。相比之下，非公益性的体育场地则主要通过企业赞助、社会团体或个人捐赠，以及村民集体筹资等多种方式建立，尽管同样不以营利为目的，但其资金来源更为多元化，为农村体育场地建设开辟了新的路径。

（二）体育活动指导系统

农民体育活动指导系统扮演着为农民参与体育健身活动提供专业、科学指导的关键角色。有了这一系统的支持，农民体育健身活动能够遵循科学的原则，避免盲目性和随意性，从而确保健身效果的最大化，提升农民的身体素质和健康水平。反之，倘若缺少了科学指导，农民的体育健身活动将可能陷入无序状态，这不仅难以保证体育健身活动的科学性和有效性，还可能因运动不当而带来潜在的健康风险。因此，建立健全农民体育活动指导系统具有至关重要的意义。

1.体育场所体育健身指导

体育健身场地配备专业的指导人员，对农民进行体育活动指导非常重要。专业的体育人才为农民提供健身指导，农民不仅能直观学习到科学的健身方法，还能增强对自己所学方法的信心，确信自己掌握了正确的锻炼方式。在这一过程中，农民的每一次进步都能得到及时的肯定，这种正向反馈将进一步激发他们探索更多健身技巧和手段的热情，形成良性循环，促进农民健身水平的持续提升。

2.非体育场所体育健身指导

在农民健身活动中,乡镇文化站和活动点应充分发挥作用,抓住农闲时节和传统节日的有利时机,广泛组织农民参与形式多样的体育健身活动。这些活动不仅丰富了农民的精神文化生活,也促进了身心健康。考虑到农民生活负担较重以及对体育健身重要性认识不足的现状,我们需要持续不断地进行宣传和启发引导工作。特别是在农闲时节和传统节日,应充分利用这些时间,积极开展关于体育健身知识的宣传教育,让农民在轻松愉快的氛围中了解和认识到体育健身的价值和意义。

(三)体育健身组织系统

农民体育健身组织,为热衷于体育健身的农民提供了坚实的组织后盾。农民依托这些组织的力量,能够享受到更加优质、更加专业的体育健身活动环境与条件。如果没有这些健全的体育健身组织作为支撑,农民的体育健身活动将难以达到较高的水平,并且很难得到科学、系统的指导。

农民体育健身组织系统主要有以下三种类型。

1.农村社区体育健身组织

在构建针对农民的群众性体育服务体系时,完善农民健身组织体系是重中之重。农村体育组织服务网络不仅是农村全民健身活动顺利开展的坚实后盾,也是推动农村体育事业发展的关键力量。为了全面提升农村体育服务水平,我们必须致力于建立健全农村社区体育健身组织,不断拓展其服务范围,优化运行机制,构建一个多层次、立体化的农村体育组织体系。通过这样的组织架构,我们可以确保体育服务覆盖到农村的每一个角落,让农民在家门口就能享受到高质量的体育健身服务。

2.行政管理型体育健身组织

行政管理型体育健身组织的建设,聚焦于政府体育行政机构,这类组织在体育体系中占据举足轻重的地位,担当着维护体育整体秩序与稳定的重任。而且,因其扮演着体育团体根本利益的守护者与监管者的角色,行使着由体育参与者授予的管理职权，因此具备独特的权威性和掌握一定的支配力。然而，行政管理型体育组织的权威性也可能成为双刃剑，有时会导致它们忽视组织形象的塑造，疏远社会民众，甚至出现与民众脱节的现象。在农民体育事业中，这一问题尤为突出，因为农民体育事业本质上属于社会公益范畴，要想成功举办体育活动，尤其是大型赛事的申请、组织，或是确保农民体育活动的顺利开展，体育行政管理的作用不容小觑。在推进全民健身战略的进程中，行政管理型体育组织应当意识到，除了履行行政职能之外，还需要积极地塑造亲民的服务形象，加强与农民群体的联系，倾听农民的声音，以实际行动展现其作为"公仆"的角色定位，从而赢得农民的信任和支持，促进农民体育事业的长远发展。

3.公益型体育健身组织

公益型体育健身组织，作为一种既不同于行政管理型体育组织，也异于经营性体育服务组织的独特形式，其运营宗旨并非追求市场盈利目标，而是专注于为会员提供服务，或为特定类型的体育人士举办公益活动。这类组织涵盖了老年人体育协会、棋牌协会、球迷协会、农村体育俱乐部等，它们在农村体育领域扮演着重要的角色。公益型体育组织通常具有强大的社会活动能力和广泛的影响力。它们的公益服务宗旨与公益化社会行为不仅强化了自身的示范效应，还在推动体育事业发展方面发挥了其他组织难以企及的特殊作用。通过举办一系列免费的活动，这类组织旨在激发农民参与体育的热情，促进农村体育文化的繁荣，进而推动整个农民体育事业的健康发展。

（四）体育信息供给系统

体育信息供给系统，致力于为农民体育健身与交流提供全面而精准的信息服务。该系统致力于传递和交流关于体育健身的各类信息，包括体育场所的介绍与导航、体育组织的活动通知与参与方式、体育指导的专业建议与技巧分享、体育知识的普及与教育，以及体育感受的分享与交流。通过这一系统，农民朋友们可以更加便捷地获取所需的体育健身信息，从而更好地参与到体育活动中来。农村体育信息供给系统一般包括以下两种类型。

1.平面媒体信息供给

为了有效提升农民对体育的认识和兴趣，可以安排专人负责利用墙报、标语、广播等媒介，大力宣传全民健身运动的意义，激发广大农民的参与热情，推动全民健身运动在乡村的广泛开展。

2.网络媒体信息供给

大众传播媒介，尤其是电视，对青少年的社会化进程产生了显著的影响。在农村地区，电视、互联网等媒介的普及不仅丰富了青少年的文化生活，还以其新颖、多元的内容潜移默化地塑造着他们的生活方式与价值追求。现代传播媒介如电视、网络也成为了农民获取信息、休闲娱乐的主要途径。电视媒介利用视听元素向农民进行体育健身宣传，无疑是一种高效的方法。这种宣传方式不仅能够立即吸引观众的注意，其长期的潜在影响更是不容忽视。通过电视讲座、播放健身教学视频等手段，可以有效地传播体育健身知识。当观众对屏幕上的体育人物产生认同感，他们往往会产生一种愉快的模仿体验，这种体验促使他们接受所传播的内容，认可其价值，最终效仿。

为了满足农民对获取体育健身信息的需求，应考虑设立专门针对农村地区的体育健身频道，加速农村有线电视网络的建设与普及，确保农民能够便捷地观看体育相关节目。通过电视媒介，不仅能够传播体育文化，弘扬体育精神，倡导全民健身的理念，还能及时捕捉并响应农民群众在健身需求方面的新趋势，为他们提供精准的信息服务和指导。

二、农民体育健身公共服务体系建设的策略

（一）大力建设农民健身组织网络和体育健身站（点）

农村体育组织作为农民体育工作的坚实后盾，不仅是农民体育事业发展的基石，还是连接农民与体育活动的桥梁，更是推动农民体育社会化进程的

关键力量。在农村文化阵地建设和争取农民群众支持方面，农村体育组织发挥着不可替代的作用。因此，体育行政部门应当强化对农村体育协会的指导和支持，包括人力、物力、财力上的支持，同时，体育行政部门应积极促进多种类型农村体育协会的建立，包括篮球、足球、田径、乒乓球、羽毛球、健身操等运动协会，满足不同农民的体育爱好和需求。各类体育协会应当发挥其在农民体育健身活动中的桥梁和纽带作用，组织和引导农民参与健康、文明、科学的体育活动，丰富农民的业余生活，提升其体质健康水平。此外，体育行政部门还应注重农村体育健身组织的规范化建设，制定相应的规章制度，明确组织职责，加强内部管理，确保组织活动的有序进行。通过以上措施，可以有效推动农民体育事业的蓬勃发展。

各级体育行政部门应充分利用农村现有的公共体育设施，设立体育指导中心，为农民提供专业的健身指导和服务。具体措施包括鼓励和支持农村建立体育指导站和体育健身站，为农民提供就近的锻炼场所。体育行政部门应定期对这些站点进行监督和指导，确保其正常运作和发挥作用；与文化部门密切合作，共同建设文体活动站，整合资源，丰富农民的体育文化生活，促进文体活动的融合发展；进一步加强农村群众晨练、晚练站（点）的建设和管理，提供必要的设施和指导，鼓励农民养成定时锻炼的习惯；定期对农村健身站（点）的组织者进行培训，提升其组织能力和专业素养，确保健身活动的科学性和安全性；对表现突出、管理有效、长期坚持的健身站（点）给予表彰，并提供一定的物质奖励，以此激励更多的站点和组织者提供优质服务，激发农民参与健身活动的积极性；等等。通过这些措施，各级体育行政部门可以有效提升农村体育设施的利用率，促进农民科学健身，推动农民体育的持续健康发展。同时，加强与文化部门的合作，优化健身站点管理，以及对示范站点的表彰和奖励，将有助于构建更加完善的农民体育服务体系。

（二）保障农民健身场地设施供给的充足性、多样性与均衡性

政府和相关部门应高度重视并着力完善镇、村两级健身设施网络，确保农民健身场地设施供给的充足性、多样性与均衡性，这是提升农民生活质量、创造宜居生产生活环境的关键所在。

1.保障充足性和多样性

建设充足的、多样化的农民健身场地设施是一个系统工程，农村建设规划应与土地利用总体规划和乡镇发展规划紧密结合，提前合理规划并预留全民健身场地设施建设用地。此外，还应定期通过问卷调查、电话回访、面对面访谈等方式，深入了解农民的实际健身需求，根据不同乡镇、村落的文化习俗和农民兴趣爱好，因地制宜地建设农民喜闻乐见的健身场地设施，打破当前农民健身场地设施的同质化局面。

2.保障均衡性

确保农民健身场地设施供给的均衡性，是实现全民健身普及和公平的关键。这意味着我们需要特别关注偏远、贫困地区，以及不同年龄和性别群体的健身需求，以确保乡镇内的全体居民都能平等地获得健身资源。具体而言，要加大偏远、贫困村落的健身设施供给，根据人口结构提供定制化健身设施，特别关注弱势群体，尤其是学龄前儿童和老年人这两个群体。

为保障均衡性，政府应出台相关政策，加大对偏远、贫困地区健身设施建设的财政投入力度，确保资金到位；吸引社会资本参与，增加资金来源；定期开展居民健身需求调研，根据人口结构和健身习惯，科学规划健身场地的类型和布局，确保设施的多样性和均衡性。此外，要加快偏远、贫困地区健身设施的建设进度，并加强对现有设施的维护和管理，确保设施安全、整洁，提高使用效率。最后，要鼓励社区居民参与健身设施的规划和管理，定期收集反馈意见，根据居民需求进行适时调整，提升满意度。通过这些措施，可以有效提升农民健身场地设施供给的均衡性，确保不同地区、不同群体都能平等地获得健身资源，促进农民健身的发展，为乡村振兴奠定坚实基础。

（三）发挥地方资源优势，补齐非物质性农民健身公共服务供给短板

1.健身赛事活动方面

在农民健身赛事活动的策划与实施中，巧妙地结合传统佳节与全民健身日等重要时间节点，深度融合民族传统体育元素，是构建具有鲜明区域特色、

丰富主题内涵、广泛社会影响力及长久生命力的农民健身赛事品牌的良策。比如，利用春节、端午、中秋等传统佳节，设计富含节日特色的体育赛事，如春节的舞龙舞狮大赛、端午的龙舟赛、中秋的月光健行等，既能传承文化精髓，又能激发村民的健身热情。同时，积极挖掘并推广各民族的传统体育项目，举办跨区域的民族传统体育竞赛，不仅能够增加赛事的吸引力，还能促进民族文化的交流与传承。政府应适当下放赛事组织权，鼓励企业、社团、学校等社会力量参与赛事的策划与承办，提供必要的政策指导和资金支持，简化办赛流程，激发社会办赛活力。此外，政府与社会力量之间应建立有效的合作平台，实现资源共享与优势互补，提升赛事的组织效率和影响力。定期举办农民健身赛事，打造具有品牌效应的固定赛事，如"春耕杯"田间趣味运动会、"秋收节"农民马拉松等，推动赛事活动的常态化，提升农民的参与度和增强赛事的连续性。还要设立奖项，对在赛事中表现突出的个人和团队给予物质和精神上的奖励，激发农民的参赛积极性，提升赛事的吸引力和竞争性。

2.体育组织培育方面

在体育组织培育领域，我们应持续加大对农村基层体育组织的支持力度，在场地、设备、资金等方面提供实质性帮助。同时，我们也应注重对基层体育组织骨干的培训与引导，旨在帮助他们更好地管理组织，使组织运行逐渐步入正轨。通过这些措施，我们致力于提升基层体育组织的社会影响力和公众认知度，使其能够在基层社区中发挥更大的作用。此外，乡镇政府还应积极鼓励更多的体育组织向民政部门登记，为有意登记的体育组织提供全方位的指导和支持。我们耐心解答他们的疑问，协助他们完成登记注册手续，确保乡镇体育组织能够有序发展。通过这些努力，我们将不断完善基层体育组织网络，营造更加健康、活跃的体育氛围。

3.体质测试服务方面

在体质测试服务领域，强化宣传、提升服务可达性是关键。应广泛宣传体质测试的益处，使农民认识到测试对个人健康管理的重要性，同时清晰告知体质监测点的地理位置，增强成年人对体质测试服务的认知与信任。为此，应定期组织监测点工作人员深入各村，尤其关注偏远地区，设立临时流动监测点，提供上门服务，确保每位农民都能便捷地接受体质测试。通过现场测试，农民不仅能获取自身体质的全面信息，还能得到个性化的运动指导。这一系列举措旨在使体质测试服务真正惠及每一位农民，为建设健康乡村打下坚实基础。在实施过程中，还要注重后续的健康指导与跟踪，助力农民健康生活习惯的养成。

4.体育信息宣传服务方面

在体育信息宣传服务的创新与优化上，互联网平台展现出了巨大潜力。鉴于互联网在农村地区的高普及率，乡镇政府应充分利用这一优势，借助官方抖音账号、微信公众号、村民微信群等平台，构建起全方位、立体化的体育信息宣传网络。通过这些平台，乡镇政府能够迅速、精准地向村民推送农民健身政策解读、体质监测通知、体育赛事活动预告等信息，有效突破时间和空间的限制，扩大体育信息的覆盖范围。同时，建立农民健身信息服务平台，为村民提供一站式的健身资讯查询、活动报名、健康咨询等服务，确保信息的实时性、便捷性和可靠性，进一步激发农民参与健身活动的积极性，促进健康生活方式的普及。此举不仅能够提升农民的健康水平和生活质量，还能加强政府与农民之间的沟通互动，建立更加紧密的社区联系，为乡村振兴注入新的活力。在实践中，乡镇政府还需不断探索新的服务模式，提高信息宣传的精准度和影响力，确保每位农民都能平等、便捷地获取体育信息。

（四）实施农民健身公共服务绩效评估与监督问责

绩效评估在农民健身公共服务体系的构建与优化中扮演着至关重要的角色，它不仅是衡量服务绩效的关键工具，也是进行政策制定、资源分配的重要依据。为了确保评估的全面性和有效性，要做到以下几点。

第一，扩大评估范围，增加评估深度。将农民健身公共服务纳入村委会年度考核指标，确保基层对公共服务的重视，平衡物质与非物质服务的评估权重，避免片面追求短期政绩，转而关注长期的公共利益最大化；建立一套涵盖服务质量、居民满意度、经济效益与社会效益等多维度的综合评估体系，确保评估结果的全面性和科学性。

第二，引入多元评估主体，保障评估的公正性。委托专业评估机构或学术团体进行独立评估，利用其专业知识和客观立场，提高评估的准确性和公信力；鼓励乡村居民和体育爱好者参与评估过程，收集反馈，确保评估结果的真实性，增加评估的民主性和透明度。

第三，确保信息公开，健全监督机制。乡镇部门应定期公开资金使用、人事变动等关键信息，特别是在政府购买健身公共服务方面，以增进公众信任，接受社会监督；明确乡镇政府在农民健身公共服务中的责任范围，建立健全问责机制，对失职失责行为加大问责力度，确保公共服务的有效性和廉洁性。

第五节 乡村振兴战略下农民体育健身发展研究

农村全民健身运动是国家体育发展战略的关键一环，同时也是建设美丽乡村不可或缺的一部分，对于乡村振兴战略的深入实施具有深远意义。这项举措不仅极大地丰富了农民的精神文化生活，提升了他们的生活质量，还为农村地区的全面发展注入了新的活力。乡村振兴战略下的专项建设资金，与全民健身事业的投入相结合，形成了强大的政策和财政支持网络，为农民健身活动的开展提供了坚实的物质基础和制度保障。这种"双轮驱动"的模式，确保了农民健身事业的稳步推进。

一、乡村振兴视角下促进农民体育健身发展的策略

（一）加大农村体育事业宣传力度，树立科学健身理念

相关部门应深刻认识到体育锻炼对提升全民健康水平的重要作用，强化

组织与领导，依法推进全民健身战略。具体来说，应重点加强农村体育宣传，通过讲座、广播、宣传栏等多种渠道，深入农村普及科学健身知识，纠正"劳动等于运动"的错误观念，树立科学健身观念。创新宣传形式，如利用短视频、网络直播等新媒体，使健身知识更生动、接地气，易于接受。同时，应注重农民的个性化健身需求，开发多样化的健身项目，如针对老人的太极、瑜伽班，面向儿童的趣味运动课等，提高参与度。此外，通过组织乡村运动会、健身挑战赛等活动，营造积极向上的体育氛围，激励农民主动参与，享受运动带来的乐趣。在此基础上，相关部门还应不断完善农村体育基础设施，如增设健身器材、修建多功能运动场馆，为农民提供便利的健身条件，真正实现乡村全民健身。

（二）加强组织领导以及经费投入，完善基础设施建设

政府需强化对农民健身活动的统筹与监管，构建健全的组织管理体系，设立专门的领导小组，负责农村全民健身计划的规划与执行，确保政策的有效执行与资源的合理配置。为此，政府应将农民健身工作提升至战略高度，将其纳入重要议事日程，提供必要的财政支持。具体而言，可以将农民健身活动经费列为专项支出，纳入政府财政预算，根据经济社会发展状况和财政收入情况，适时调整预算，确保资金投入充足；体育主管部门应深入实施全民健身相关政策，细化实施方案，明确各部门职责，确保各项任务得到有效执行。除了政府财政拨款外，还应积极探索社会投资、民间资本参与的模式，鼓励企业和个人捐赠，利用体育彩票、公益金等渠道，加大对农村健身事业的资金支持力度，确保资金专款专用，高效利用；在资金分配上优先考虑农村地区，重点支持农村基层体育活动的开展和体育设施的建设，缩小城乡体育资源差距；鼓励社会资本参与农民健身活动的举办和体育设施的建设运营，通过PPP（公私合作）模式、赞助合作等方式，激发市场活力，拓宽资金来源；建立健全资金使用监督机制，定期进行财务审计和项目评估，增加资金使用的透明度，防止资金被挪用或浪费。通过这些举措，有效推动农民健身事业的快速发展，构建完善的农民体育服务体系，促进全民健身战略在农村地区的全面实施。

（三）完善相关法规政策，突出农民体育发展重点

为了切实改善当前农民体育发展的现状，提升全民健身在农村地区的普及度和影响力，政府应采取更加积极主动的参与策略，加大政策支持和资源投入力度，确保相关政策措施的有效实施。体育主管部门应立足于农民的实际需求，出台更加精准、有效的政策文件，为农民体育活动的开展提供坚实的法律和政策支撑。这些政策应涵盖设施建设、资金保障、人才培养、赛事组织等方面，形成全面的扶持体系。政府应加大宣传力度，通过媒体、社区活动等多种渠道，普及体育知识，弘扬体育精神，激发农民参与体育锻炼的热情，营造全社会关注、支持农民体育的良好氛围。此外，要建立覆盖城乡的全民健身服务体系，特别是加强农村体育设施建设，为农民提供便捷的运动场所。同时，鼓励社会力量参与，形成政府主导、社会协同的服务格局。不仅如此，还要注重体育人才的培养与引进，包括教练员、裁判员、体育教师等，提高农村体育教育和指导的专业水平，为农民提供科学、系统的健身指导。与此同时，积极探索体育与农业、旅游、文化等产业的融合，开发特色体育项目，如农耕文化节、乡村马拉松等，以丰富农民的文体生活，这也有助于乡村经济的多元化发展。

（四）推进农民公共体育服务体系建设，满足群众健身需求

当前，农村地区公共体育服务主要依赖政府单方面提供，缺乏市场和社会力量的有效参与，导致服务供给单一、资源利用效率不高。为解决这一难题，可从以下两个方面着手来丰富农村公共体育服务的供给渠道，提高服务质量和效率，并促进农村体育人才的成长，为农民提供更加专业、个性化的健身指导，助力农民体育事业的发展。

1.建立多元供给机制

一方面，构建政府、企业和社会组织三者联动的供给模式。政府应发挥引导作用，制定优惠政策，吸引企业和社会资本投资农村体育设施建设和活动组织，同时鼓励非营利组织、体育俱乐部等社会组织参与农村体育服务的

提供，形成多元化、多层次的服务体系。

另一方面，推动政府与企业、社会组织之间的合作，实现资源互补。例如，政府可提供场地资源，企业和社会组织则负责运营和维护，共同举办体育赛事和培训活动，提升服务质量和效率。

2.加强社会体育指导员队伍建设

首先，建立和完善农村体育专业人才培训机制，定期组织培训活动，提升现有体育指导员的专业技能水平，同时吸引更多具有体育专业背景的人才加入，充实指导员队伍。

其次，制定合理的激励政策，包括提供一定的补贴、荣誉奖励、职业晋升机会等，以吸引更多优秀人才投身农村体育事业，提高农村体育指导员的工作积极性。

最后，根据农村地区的特点和农民的健身需求，培养具备特定技能的指导员，如老年健身指导员、青少年健身指导员等，以满足不同人群的健身需求。

二、乡村全民健身与乡村振兴的融合发展

乡村振兴和全民健身为农民体育的发展提供了良好的时代机遇，而且乡村振兴与乡村全民健身是相辅相成的，二者融合发展既有助于实现乡村全民健身和全民健康的目标，又有助于为乡村振兴奠定坚实的健康基础，助力乡村振兴战略的顺利实施。新时代全民健身与乡村振兴融合发展非一域之事、一级之责，须上下合力、联动发力。

（一）树立以人为本的融合发展思想

乡村振兴战略的核心是提升农民的生活质量，全民健身运动的目标在于增进全体民众的健康福祉。将两者深度融合，旨在满足广大农民对美好生活

的需求,这既是全民健身与乡村振兴融合发展的终极目标,也是我们努力奋斗的方向。

1.全民健身与乡村振兴融合发展为了农民

融合发展需始终聚焦农民健康,关切他们最迫切的体育需求。通过优化城乡体育资源配置,解决农村健身设施短缺、健身意识淡薄及专业指导缺乏等问题,广泛开展"亿万农民健身行动",为农民群众筑起一道坚实的健康屏障。

2.全民健身与乡村振兴融合发展依靠农民

定期举办乡村健身恳谈会,赋予农民群众在全民健身中"发声、商议、执行、主导"的权利。弘扬体育精神,激发农民主动参与全民健身与乡村振兴融合发展的热情,引导"三农人""新农人"养成终身锻炼的良好习惯。

3.全民健身与乡村振兴融合发展成果由广大农民共享

加速构建覆盖乡村的全民健身公共服务体系,预计至2030年,初步完善县、乡、村三级体育设施网络。特别关注农村青少年、老年人及其他特殊群体的健身权益,确保广大农民能够平等地享受到乡村全民健身发展的丰硕成果,实现农民全面健康的美好愿景。

(二)健全全民健身与乡村振兴的融合发展机制

为了确保全民健身与乡村振兴融合发展的顺利推进,我们必须跨越部门间的界限,树立全局观念,明晰各主体的责任范围,建立健全融合发展的长效运行机制,以此增强融合发展的韧性和持久力。

1.成立国家层面全民健身与乡村振兴融合发展的领导机构

全民健身与乡村振兴的融合发展是一项复杂的系统工程,它触及了体育、农业、乡村发展、财政等多个领域,需要多部门的密切合作与高度协调。为此,建立一个高效且权威的统筹协调机构显得尤为重要,这一机构应当在党中央的领导下,由国务院直接管理,以确保决策的统一性和顺利执行。

2.完善地方层面体育与农业等跨部门协同工作机制

为了加速推进全民健身与乡村振兴的融合发展,各地政府应当积极促进体育、农业农村以及其他相关部门之间的权责整合与统筹协调,以构建更为完善的政策体系、实施流程与评估机制。在此基础上,积极探索符合本地区特色的融合发展模式,充分发挥各职能部门的优势,共同推进乡村体育事业的繁荣。地方政府应通过制定具有前瞻性和可操作性的政策,指导和监督全民健身与乡村振兴融合项目的实施。体育部门和农业农村部门应密切合作,负责乡村全民健身活动的策划与执行,包括资源调配、活动推广、安全保障等,确保活动的顺利开展和效果的最大化。建设部门应承担起完善农村体育基础设施的任务,如修建或改造体育场馆等,为全民健身活动提供必要的场地支持。财政部门应确保充足的经费投入,用于乡村体育设施建设、活动组织、人员培训等方面,为全民健身与乡村振兴的融合提供坚实的财务基础。地方媒体应充分利用各种渠道,广泛宣传全民健身的理念和活动,增强村民的参与意识,营造良好的体育氛围。各部门间应加强沟通与协作,探索部门联动的新模式,共同解决融合发展中遇到的问题,确保乡村体育振兴目标的实现。

(三)完善全民健身与乡村振兴融合发展的政策法规

健全的政策法规体系是实现全民健身与乡村振兴融合发展的基本保障,具体要从以下几方面来完善相关政策法规。

1.修订促进全民健身与乡村振兴融合发展的中央政策法规

面对新时代全民健身与乡村振兴融合发展的新趋势,构建"大体育""大健康"格局成为当务之急。为了确保这一融合进程的规范化与系统化,有必要在国家层面制定相应的实施标准与行动方案,为全民健身与乡村振兴的融合发展提供法律依据和政策指导。对此,应在《乡村振兴促进法》

《全民健身计划（2021—2025年）》等关键性法律法规中，增加关于全民健身与乡村振兴融合发展的内容，明确二者融合的目标、原则、路径和保障措施，为各地政府提供行动指南。

2.健全全民健身与乡村振兴融合发展的地方政策文件

为深化全民健身与乡村振兴的融合发展，应将其提升至地方性法规的高度，构建法律基石。鼓励省级和市级政府跨部门协作，联合发布指导意见，将乡村的独特发展优势、村民的个性化需求与本地政策无缝对接。通过定制化的政策组合，指导各地根据自身条件，创造性地推动全民健身与乡村振兴的有机融合，从而为区域内的融合发展设计权威的发展规划与实施准则，确保政策的有效实施。

3.细化全民健身与乡村振兴融合发展的基层实施办法

为切实推动全民健身与乡村振兴的深度融合，重心必须下放至乡镇与农村，这是融合发展的根基所在。制定并完善基层融合发展的实施细则，明确乡村全民健身与乡村振兴融合的规范办法，确保村民在融合进程中享有基本权利。

在产业融合层面，适度调整土地分配政策，向乡村全民健身产业适度倾斜，为体育设施建设和活动开展预留充足空间。

在资金支持方面，创造性地将"全民健身+农业"模式纳入新型农业补贴政策框架内，通过"资源变资产、农民变股东"的利益联结机制，激发村民参与全民健身与乡村振兴融合发展的积极性，使其在体育与农业的双重收益中实现自我增值。此外，应设立专项基金，用于支持乡村体育设施建设、活动组织和人才培养，引入金融杠杆，吸引社会资本投入，形成多层次、多渠道的资金保障体系。

在人才培育与激励方面，倡导全民健身领域的专家和人才进入乡村，通过挂职锻炼、技术指导等方式，为乡村体育事业发展注入新鲜血液。同时，建立健全人才激励机制，如优先评级、津贴奖励等，吸引并留住体育人才，提升乡村体育服务水平，促进全民健身与乡村振兴的深度融合。

（四）数字化赋能，促进全民健身与乡村振兴融合发展

1.优化乡村全民健身数字化服务平台

为了全面推动全民健身与乡村振兴的深度融合，构建覆盖城乡的全民健身数据平台及体质监测网络显得尤为重要。这一平台不仅能够实时、精准地收集与分析农民的身体健康数据，还能借助运动健身短视频等直观方式，为广大农民提供科学、实用的健身指导，让健康知识与技能触手可及，易于学习与实践。进一步完善全民健身数字化平台，将其打造成为集农村公共事务办理、健身场地预约、体育赛事报名等功能于一体的综合服务平台，对于提升全民健身的便捷性与普及度具有关键作用。通过这一平台，农民可以轻松获取各类健身资源，参与体育活动，享受体育带来的乐趣与益处。同时，平台的智慧功能也将简化全民健身与乡村振兴融合发展的操作流程，降低参与门槛，让更多农民能够主动参与全民健身，共同营造健康、充满活力的乡村生活氛围。

2.拓展乡村全民健身智慧化宣传渠道

为了深化全民健身与乡村振兴的融合，打造独具乡村特色的全民健身融媒体产品至关重要。这不仅能够丰富农民的精神文化生活，还能有效传播乡村体育文化，吸引更多人关注并参与到乡村体育活动中来。通过对平面媒体、互联网、新媒体等多种媒介的综合利用，构建立体化、全方位的乡村体育健身传播网络，让民俗体育短视频、乡村趣味赛事直播等形式的内容，成为展示乡村文化魅力、传递健康生活方式的重要窗口。

利用"互联网+"的创新模式，拓展全民健身与乡村振兴产业融合的广度与深度，实现线上、线下的无缝衔接，是推动融合发展的又一关键举措。例如，通过电商平台预售农产品，不仅能够拓宽农产品销售渠道，还能让消费者提前体验农产品的"原汁原味"；开发民俗体育纪念品邮寄服务，让乡村体育文化走向全国乃至世界，成为传播乡村故事、弘扬传统文化的载体；提前预告健身休闲项目，吸引游客前来参与体验，推动乡村旅游、休闲农业等产业的发展，实现"全民健身+旅游+休闲+娱乐"的深度融合，为乡村振兴注入更多活力。

第六节　农民体育健身项目指导

一、篮球

（一）移动

1.起动

两脚开立，屈膝，上体前倾，后脚蹬地，重心适当前移，屈臂前后摆动（图5-2）。

图5-2　起动

2.跑

若由右向左变向跑，最后一步时右脚前脚掌蹬地，屈膝，上体稍向左转再前倾；左脚向左前方迅速移动，右脚紧跟（图5-3）。

图5-3　跑

(二)传球

以双手胸前传球为例。十指分开,拇指呈八字形,持球置于胸腹之间,目视传球方向,后脚蹬地,重心前移,两手迅速伸向传球方向,拇指向下压球,屈腕,食指和中指用力拨球(图5-4)。

图5-4 双手胸前传球

(三)接球

以双手接球为例。目视来球,手臂主动迎球,手触球后顺势屈臂后引,持球置于胸腹之间(图5-5)。

图5-5 双手接球

(四)运球

1. 高运球

屈膝,屈臂随球上下摆动,上体向前,手拍球的上方,使球落在身体侧前方(图5-6)。

图5-6 高运球

2. 低运球

屈膝,重心下移,上体前倾,右手短促拍球,球反弹后高度不超过膝关节,注意保护好球(图5-7)。

图5-7 低运球

3.转身运球

运球中若对手在右路堵截,左脚跨出做中枢脚,右手按在球的前上方,右脚蹬地,同时身体向后转,顺势把球带到体侧后,左手继续拍球(图5-8)。

图5-8 转身运球

4.背后运球

右手运球,向左侧变向时,右脚在前,将球引向身体右侧后,右手迅速翻腕拍按球,球到身体左前方后,换左手运球,后脚蹬地向前突破(图5-9)。

图5-9 背后运球

5.体前变向变速运球

从对方右手突破时,先朝防守左侧做变向球假动作,引诱对手左移,然后迅速按拍球的右后上方,使球反弹到身体左前方,右脚向左前方跨步,上体向左移,侧肩挡住对手,换左手继续运球前进,后脚蹬地突破(图5-10)。

图5-10 体前变向变速运球

(五)防守

以抢球为例。防守者在持球者注意力分散时迅速抢球。要快而狠、果断地抢球,控球后,利用拧、拉和身体扭转力量迅速收球,完成夺球(图5-11)。

图5-11 抢球

（六）投篮

1.原地单手投篮

双脚开立，屈肘，手腕后仰，掌心向上，持球于右眼前上方，左手扶在球侧，稍屈膝，上体前倾，放松，目视篮点。投篮时下肢蹬伸，手腕前屈，用指端拨球，食指和中指柔和地将球投出，自然跟进（图5-12）。

图5-12　原地单手投篮

2.原地跳起右手投篮

双脚分开，屈肘，手腕后仰，掌心朝上，五指分开，左手扶在球侧，稍屈膝，上体稍向后倾斜，目视篮点。投篮时，下肢蹬伸，腰腹部伸展，前臂伸直，手腕前屈，利用手指弹拨球，最后食指与中指发力投球，右臂自然跟进（图5-13）。

图5-13　原地跳起右手投篮

二、毽球

（一）移动

1.站立姿势

双脚分开与肩同宽，身体微微前倾，双脚掌紧贴地面，这样可以保证身体的稳定性。

2.观察对手

在毽球比赛中，观察对手的动向至关重要。通过观察，可以判断对方即将发出的毽子方向，从而迅速应对。

3.灵活接毽

接毽时，要用脚尖或脚跟轻巧地踢起毽子，使毽子向上飞起，以便于下一步的传递或进攻。

4.快速移动

在毽子飞起的瞬间，利用脚掌的力量迅速移动身体，避开对方的进攻，同时寻找进攻机会。

（二）发球

1.准备姿势

站立在球场中央，双脚分开与肩同宽，双手自然放在身体两侧。保持身体放松，目视前方，准备迎接对方来球。

2.眼球引导

在对方发出毽球时，注意观察毽球的运动轨迹，迅速判断毽球落点，提前做好接球准备。

3.准确击球

在毽球即将落至胸前时,用脚尖或脚掌击球。击球部位要恰当,力量要适中,保证毽球稳定地向上飞行。

4.力度控制

发球力度要适中,力度小会使毽球飞不高,力度大会使毽球飞得太快,失去控制。在练习过程中,逐渐摸索适合自己的力度。

5.发球角度

发球时,毽球飞行轨迹与地面的夹角应在45°左右。角度过大或过小都会影响毽球的飞行距离和稳定性。

6.连续发球

在第一次发球后,迅速调整身体姿势,准备第二次击球。连续发球时,注意击球力度和节奏,保持毽球的稳定性。

(三)触球

1.腿触球

右脚支撑,左腿屈膝,以大腿带动小腿上摆,当球下落到略低于髋部时,用大腿的前半部分(靠膝部)触球(图5-14)。

图5-14 腿触球

2.腹触球

对准来球,屈膝略向后蹲,稍含胸收腹,当腹部触球的瞬间稍挺腹,如来球过猛,也可以挺腹,将球轻轻弹出(图5-15)。

图5-15 腹触球

3.胸触球

两脚自然开立,当球传到胸前约10厘米时,两臂自然微屈,两肩稍用力向后拉,挺胸,同时两脚蹬地,身体挺起,用胸部触球(图5-16)。

图5-16 胸触球

4.肩触球

两脚自然开立,对准来球,当球传到肩前约10厘米处时,肩稍后拉前摆,用肩部击球(图5-17)。

图5-17　肩触球

5.头触球

两脚自然开立，当球传到头前约10厘米时，两脚蹬地，同时颈部稍紧张向前摆头，用前额触球（图5-18）。

图5-18　头触球

（四）踢球

1.脚内侧踢球

左脚支撑，右大腿带动小腿屈膝上摆，同时膝关节外张，小腿上摆，击球的瞬间踝关节内屈端平，用脚弓内侧把球向上踢起（图5-19）。

图5-19　脚内侧踢球

2.脚外侧踢球

左脚支撑，右大腿带动小腿，膝内收，小腿向外侧上摆，触球的瞬间勾足尖，踝关节外屈端平，用脚背外侧把球向上踢起（图5-20）。

图5-20　脚外侧踢球

3.脚背踢球

脚背踢球方法有脚背屈踢、脚背绷踢、脚背直踢三种，共同点是单脚支撑用脚趾或脚趾跟部踢球（图5-21）。以脚背直踢为例，右脚大腿带动小腿屈膝向前摆，脚背绷直，脚趾内扣，踢球时小腿迅速前摆。

图5-21　脚背踢球

第七节　农民体育健身赋能乡村振兴的案例分析

近年来，乡村体育赛事的兴起，不仅丰富了农村居民的精神文化生活，也成为了推动乡村全面振兴的重要力量。这些赛事，如火如荼，展现了农民群众对美好生活的追求和对体育运动的热爱，同时也预示着乡村全面振兴的美好前景。2023年6月，国家体育总局等多部门联合发布《关于推进体育助力乡村振兴工作的指导意见》，提出到2035年在全国范围内培育100项以上"最美乡村体育赛事"的宏伟目标，这标志着乡村体育赛事正式成为国家战略的一部分，得到了前所未有的重视和支持。同时，有关部门强调要促进"村BA"（乡村篮球联赛）、村超（乡村足球联赛）、村晚（乡村文艺晚会）等群众性文体活动的健康发展，这不仅是对乡村体育文化的一种肯定，更是对其未来发展的一种期许。在政府的鼓励和号召下，各地积极响应，乡村赛事如雨后春笋般涌现，不仅办在了农民身边，而且吸引了大量周边甚至外地的观众，形成了独特的乡村体育文化现象，为乡村全面振兴增添了新动能。本节主要以贵州"村BA""村超"、江苏沛县"村界杯"为例来分析农民体育健身是如何为乡村振兴赋能的。

一、贵州"村BA""村超"

（一）"村BA""村超"的出圈

2022年的炎热夏日，贵州黔东南苗族侗族自治州台江县台盘村，一个常住人口仅约1600人的小村庄，因为一场乡村篮球比赛而名声大噪。"村BA"——这个源自民间、充满乡土气息的篮球联赛，以其独特的魅力，不仅点燃了当地村民的体育热情，更意外地在网络上走红，成为全国关注的焦点。2023年5月，在距离台盘村不到200公里的榕江县，一场同样充满激情的村级足球联赛——"村超"再次引爆全网。与"村BA"相似，"村超"同样是由村民自发组织，参赛队伍由各村的村民组成，比赛场地同样简陋，但丝毫不影响球员对胜利的渴望和观众的热情。每当夜幕降临，灯光下的足球场就变成了欢乐的海洋，村民们聚在一起，为自己的队伍加油鼓劲，场面温馨。

"村BA"和"村超"的走红，展现了一种独特的乡村体育文化现象，它们在"村"与"超"之间找到了完美的平衡点，既保留了浓郁的乡土气息，又展现了超出期待的专业水准和国际影响力。

"村"的特质体现在赛事的本土化和接地气上。参赛的球员来自各行各业，从出租车司机、饭店厨师到建筑工人，他们白天忙碌于各自的工作，晚上则变身成为球场上的运动员。裁判和啦啦队员同样是本地村民，他们用锅碗瓢盆代替常规乐器，创造出别具一格的加油方式。获胜的奖品也不是常规的奖杯或奖金，而是富有地方特色的小黄牛、猪腿等农产品，这不仅体现了赛事的纯朴与真实，也增强了村民对乡村文化的认同感。然而，"村BA"和"村超"并不止步于此，它们在组织和运营上展现出了"超"级联赛的风采。赛事的组织者们借鉴国家级联赛的标准，制定了严格的赛程，配备了专业的赛事转播设备，甚至在医疗保障方面也力求周全，这一切都表明了他们对赛事品质的追求和对参赛者安全的重视。最令人瞩目的是，"村BA"和"村超"的影响已经超越了地域界限，吸引了国际体育明星的关注。英国著名球星迈克尔·欧文为"村超"送上了祝福，NBA热火队球星吉米·巴特勒现身"村

BA"，更是让赛事名扬海外，展现了乡村体育赛事的世界影响力。

"村BA"与"村超"的现象级崛起，无疑是贵州台江县和榕江县在乡村振兴战略实施过程中的一大亮点，它们以体育赛事为核心，串联起文化传承、新媒体传播、乡村产业振兴等多个维度，形成了一个相互促进、共同发展的生态系统，为乡村振兴开辟了全新的路径。具体而言，"村BA""村超"的出圈在促进乡村振兴方面取得了以下成果。

第一，经济发展。通过"村超"出圈，农民收入不断增加，乡村经济逐步壮大。2023年榕江县塔石香羊、忠诚牛瘪、卷粉、罗汉果、天麻等农特产品线上线下销售额达4.01亿元，实现旅游综合收入81.13亿元。有效促进了全县乡村振兴。台江县2023年上半年生产总值20.17亿元，第三产业增加值8.66亿元，比上年同期增长2.1%，占比最高。[1]台盘乡举办的体育赛事所带来的经济效益，在一定程度上促进了县内产业结构的优化，特别是旅游业和体育的动态融合。

第二，文化传承与发展。"村BA"与"村超"的火爆，不仅仅是体育赛事的成功，更是乡村特色文化资源的一次大放异彩。这些赛事充分利用了当地独特的民族文化，不仅加强了对传统民族文化的传承与创新，还显著提升了乡村的文化软实力。赛事期间，各民族的非物质文化遗产、创意艺术、传统服饰和特色美食成为了吸引游客的重要元素。民族歌舞、传统乐器演奏、民俗表演等文化展演活动穿插于比赛之中，不仅为赛事增添了浓厚的文化氛围，也让更多人有机会近距离接触当地民族文化。此外，"村BA"与"村超"的吉祥物设计、手工艺品的制作等，不仅展示了民族工艺的精湛技艺，还为当地农村妇女创造了就业机会。这些手工艺品往往蕴含着丰富的文化内涵，它们的热销不仅促进了当地经济的发展，也成为了民族文化传承与创新的载体。

此外，"村BA""村超"的出圈带动了乡村基础设施建设和公共服务水平的提升，农民的幸福感不断提高。

---

[1] 杨正学."村超"出圈与中国式乡村振兴探索[J].当代贵州，2024（18）：67-68.

（二）"村BA""村超"出圈对农民体育健身赋能乡村振兴的启示

1.高度关注农民体育健身事业

推动乡村体育高质量发展，关键在于深入了解并满足人民群众日益增长的体育健身需求，这不仅关乎体育本身，更是乡村振兴战略的重要组成部分。要实现这一目标，首要任务是解决"健身去哪儿"的难题，即确保乡村地区有足够的体育场地和设施，让村民有地可跑、有场可练。

以榕江县为例，该县在体育基础设施建设方面取得了显著成绩，拥有25块足球场地，这为当地群众提供了良好的体育活动环境。然而，随着健身需求的持续增长，乡村体育设施不仅要"有"，更要"优"，即从数量扩张转向质量提升，提供更加多样化、专业化的体育设施，满足不同年龄、不同兴趣群体的健身需求。除硬件设施之外，软件服务同样不可忽视。加强社会体育指导员队伍建设，将科学健身的知识与技能传播到每一个角落，让村民在家门口就能获得专业的体育指导，这不仅能够提高村民的健身效果，还能增加运动的乐趣，营造浓厚的运动氛围，激发村民的参与热情。同时，乡村体育的发展应充分植根于当地的文化底蕴和资源禀赋，开展群众喜闻乐见的体育项目。不同地区应根据自身的地理、历史、人文等特点，开发具有地方特色的体育项目，如水上运动、山地越野、民族传统体育等，丰富村民的体育文化生活。

2.因地制宜，激发乡村振兴内在动力

在推动乡村体育经济发展的过程中，遵循因地制宜的原则显得尤为重要。这意味着要在充分利用乡村自然地理优势的基础上，建设既能体现本地特色，又能满足村民和游客需求的新农村。自然生态环境的保护是这一过程中的红线，任何体育设施的建设和体育活动的开展都应以不破坏生态环境为前提，致力于提供绿色的体育文化产品与服务，为乡村振兴的可持续推进奠定基础。贵州"村BA""村超"的成功，为我们提供了乡村体育赛事与乡村旅游深度融合的鲜活案例。然而，各地在借鉴这些成功经验时，切忌盲目模仿，而应深入挖掘自身独特的文化资源和产业优势，探索适合本地的发展路径。

3.打造有特色的乡村体育赛事

贵州"村BA""村超"火爆的关键在于其"接地气",以及对互联网传播力量的巧妙运用。在"村BA""村超"中,从球员选拔、比赛场地的布置到奖品的设计,无不渗透着浓郁的乡土气息和鲜明的地域特色,这种贴近民众、富有生活气息的赛事形式,让参与者和观众都能从中感受到体育运动的纯粹乐趣和健康价值。更重要的是,"村BA""村超"通过互联网平台,成功打破了地理限制,让全国乃至全球的网民都能实时关注和欣赏赛事,极大地扩大了赛事的影响力和传播范围。这种"线上+线下"相结合的模式,不仅提升了赛事的知名度,也促进了当地文化的对外交流,为乡村体育赛事的推广和乡村文化的传播开辟了新路径。

我国是一个统一的多民族国家,56个民族各有其独特的文化和传统,如何将这些丰富多彩的民俗文化与体育赛事相结合,打造出具有鲜明民族和地区特色的体育赛事品牌,是当前乡村体育赛事发展面临的重要课题。通过深入挖掘和展现地方文化特色,不仅能够提升赛事的吸引力,还能促进民族文化的传承与创新,增强民族认同感和文化自信。

二、江苏沛县"村界杯"

江苏沛县八堡村和七堡村的足球比赛,自2021年起便成为了春节期间的一项重要民俗活动,不仅丰富了村民的业余生活,还逐渐发展成为具有一定影响力的地方体育盛事。尤其是在2023年,随着"村界杯"的火爆,这一民间自发的足球赛事迎来了前所未有的关注,吸引了众多外地球队慕名而来,进一步提升了赛事的影响力。为了更好地组织和管理这一赛事,沛县八堡村和七堡村的足球爱好者们在2023年4月成立了七堡八堡村足球协会,这是一个由村里足球能人自发组建的非营利性组织,旨在发挥农民自发办赛的积极性,推动赛事的专业化和规范化运作。协会的主要职责涵盖了赛事的策划、组织、场地准备、宣传和执行等各个方面,以确保比赛的顺利进行。在赛事的组织和决策过程中,七堡八堡村足球协会与县主管部门保持着密切的合作，双方共同商议比赛办法和参赛规程，确保赛事的公平公正和有序进行。县足球协会也在赛事中扮演了重要角色，负责配合县主管部门做好裁判员的招募、赛程编排和现场执裁工作，确保比赛的专业性和公正性。

江苏沛县"村界杯"的成功，不仅是一场体育赛事的胜利，更是一次乡村振兴战略的生动实践。这一赛事不仅展现了竞技体育的魅力，还凭借其强大的"带货体质"，有效激活了乡村经济，促进了当地特色农产品的销售，带动了文旅项目的宣传推广，为乡村振兴注入了新的动力。

"村界杯"的举办，不仅为当地农民提供了展示和销售农产品的平台，还带动了乡村的"地摊经济"。赛事期间，每场比赛都能吸引数十家商贩，每个摊位日均收入超过千元，农产品销售量激增，实现了村民增收致富的目标。同时，借助新媒体的力量，江苏沛县还将发展短视频、直播电商、线上营销等新业态，利用手机作为"新农具"，数据作为"新农资"，直播作为"新农活"，推动特色产业发展，助力乡村振兴。

人才是乡村振兴的核心驱动力，"村界杯"在吸引和留住人才方面发挥了重要作用。多年以来，七堡村和八堡村培养出了众多足球人才，他们中的许多人通过足球走出了农村，成为大学生、体育教师，甚至专业运动员。有许多人选择回到家乡发展，形成了人才回流的良性循环，为当地经济的发展提供了人才支撑。赛事的持续举办，还吸引了文创、旅游、传媒等领域的专业人才，进一步促进了人才的聚集，为乡村振兴注入了源源不断的活力。

"村界杯"的火爆，也成为了当地文旅产业发展的新引擎。通过体育赛事与旅游产业的融合，江苏沛县打造了一个令人耳目一新的文旅品牌，吸引了大量游客。与以往大规模投资建设大型景区或主题公园相比，这种方式更加贴近乡村生活，展现了乡村的美好与幸福生活，彰显了"幸福价值"。

从"村BA"到"村超"再到"村界杯"，如今，随着农民生活越来越富裕，对精神文化生活的追求越来越高，以足球、篮球、气排球等为代表的体育运动在广袤的农村大地上如火如荼地开展着，成为推动乡村全面振兴的重要IP。

第六章

体育教育赋能乡村振兴的路径

乡村振兴战略是实现中华民族伟大复兴的必然要求,在这一战略的实施过程中,教育作为关键力量起着重要的作用,能够为乡村振兴培养一批有知识、有活力、有韧劲的青年人才。体育教育作为教育的重要组成部分,在培养青年人才良好身心素质、提升人才生命活力、培育人才综合素养等方面发挥着至关重要的作用,充分发挥体育教育培养综合型人才的作用,能够为乡村振兴提供源源不断的人才动力,助力乡村振兴进程的加快。本章主要对体育教育赋能乡村振兴的路径展开研究,内容主要包括体育教育助力乡村教育振兴的时代机遇、学校体育教育对农民体育意识的影响、农民体育文化教育与体育意识培养、乡村学校体育教育的发展策略、以高等体育教育服务农民体育发展的思考。

第一节　体育教育助力乡村教育振兴的时代机遇

乡村基础教育是实现中华民族伟大复兴的关键工程，它肩负着培育乡村未来栋梁的重任。乡村教育的发展离不开一支高素质的教师队伍，尤其是体育教育领域。理想的乡村体育教育旨在培养兼具理论知识与实践技能的复合型人才，他们不仅深刻理解体育理论知识，还熟练掌握体育专业技能，能够有效解决实际问题，并能独立承担体育技能训练、体育管理等重任。这批人才将投身于乡村体育教学事业，通过他们的专业服务，有力提升乡村基础教育的整体质量和水平。当前，体育教育助力乡村教育振兴面临着良好的时代机遇，下面对此展开具体分析。

一、政策保障

乡村教育的振兴从根本上依赖于党的领导和顶层制度设计，以及坚实有力的政策保障。习近平总书记的系列讲话高瞻远瞩，深刻阐述了教育在新时代的重要性，为我国迈向教育强国铺设了道路。在此背景下，体育教育作为培养复合型人才的重要一环，对于乡村教育质量的跃升和促进城乡教育均衡发展具有不可估量的作用。为了有效整合体育人才资源服务于乡村，必须构建一个全方位的体育教师关怀生态系统。这要求不断优化和完善乡村体育教师的评价机制与考核准则，确保既科学又人性化。

与此同时，出台针对性的激励政策和采取实质性的支持措施，旨在减轻乡村体育教师的工作负担，提升工作效率，并在全社会范围内形成尊重教师、重视教育的良好风气。而且，要严格依法保护乡村体育教师的合法权益，建立健全其职业成长和终身学习体系，确保相关政策与措施落地生根，形成强大的吸引力，鼓励并吸引更多优秀的体育人才投身乡村教育事业。如此一来，乡村体育教学的质量将显著提升，能够为乡村孩子的健康成长和全面发展奠定坚实基础，进而为乡村振兴战略的深入实施贡献力量。

二、经费保障

政府着手建立完善的乡村教育经费保障体系，成立专门的乡村教育工作小组，以确保乡村体育教育发展的经费需求得到充分满足。通过加强组织引领，并遵循"开支明确、策略高效、绩效导向"的基本原则，加强对乡村体育教育专项经费的精细化管理，推行集中统一监管模式，确保资金精准投放、专款专用，为乡村教育提供坚实的经济后盾。政府秉持公开公正的原则，保证乡村教育经费的分配与使用透明，主动接受社会公众的审视与监督，以此提升资金使用的效率。同时，有关部门不断深化乡村教育管理制度改革，使之更加适应当前教育发展的需求。此外，教育部门积极优化乡村体育教师的工作和生活环境，提升他们的薪资水平与福利待遇，为乡村体育教师开辟更广阔的职业发展空间和晋升通道，从而吸引更多优秀体育人才加入乡村教育行列。

三、组织保障

组织保障是驱动基础教育持续进步的关键，要加快乡村基础教育的发展步伐，建设与新时代要求相匹配的教师人才梯队显得尤为重要。"强师计划"的推出进一步强化了这一组织保障机制，旨在通过系统性的策略部署，为乡村教育注入力量。为确保"强师计划"的有效实施，应建立健全跨部门协同工作机制，实现从横向到纵向的全面联动，明晰各参与方的责任，形成合力，共同推动乡村教育的进步。在此过程中，强化领导与指导机构的引导功能，依托可靠机制实施监督，确保政策顺利执行，是不可或缺的一环。高等教育机构积极响应，加快构建体育教育人才的培养体系，扩大面向教育领域的体育专业招生规模，并在确保教育质量的前提下，推广规模化培养模式。这包括制订详细的体育人才培养规划及操作细则，强化各责任主体间的沟通与协作，确保培养方案的高效执行。同时，加强政策宣传与解读，及时解答社会各界特别是相关利益群体的疑问，为乡村教育吸引并留住体育人才创造良好的舆论环境。组织保障机制的强化，不仅为乡村教育的稳健发展提供了坚实的制度支撑，也有效促进了体育人才向乡村流动，助力城乡教育的均衡发展。

第二节 学校体育教育对农民体育意识的影响

一、农民体育意识的现状

农村体育长期以来一直都是我国体育事业发展中的难点与薄弱区域。近年来，政府高度重视农村体育事业，不断加大扶持力度，积极推进农村体育基础设施建设，旨在通过发挥政府公共服务职能，扩大公共财政投入农村的覆盖面，逐步缩小城乡之间体育服务的差距。这些政策与措施的实施，为农村体育的快速发展创建了有利的外部环境。然而，根据辩证唯物主义原理，任何事物的成功变革，都离不开两大核心条件：物质基础与思想认识。当前，我国农村体育在物质条件上已初步具备发展基础，但这仅是外部因素，即"外因"，其发展还必须依靠"内因"——即内在的思想条件。

当前我国农村体育面临的挑战在于农民的体育意识薄弱。部分农民认为日常的体力劳动足以替代体育锻炼，对全民健身知之甚少，未能认识到健康问题往往是造成贫困的主要原因，以及强健体魄对于维持和提高劳动生产力的重要性。农民群体普遍缺乏体育教育，对体育的真正价值和意义认识不足，这是造成观念偏差的主要原因。因此，增强农民体育意识，不仅需要继续加强硬件设施的建设，更迫切需要在体育教育上下功夫，从根本上转变农民对体育的认知，激发他们参与体育活动的积极性。

二、导致农民体育意识淡薄的学校体育教育因素

导致农民体育意识淡薄的原因比较复杂，其中传统文化观念的限制、农村体育工作组织与领导的不足，以及农村经济发展滞后等都是主要因素。然而，最深层次的原因在于农村地区文化教育的整体落后，导致农民难以接触到现代化的体育教育，或是所受体育教育极其有限。我国多数农民的正规教育程度是小学至高中，许多农村学生在完成初中或高中学业后，便返回农村从事农业劳动。基础教育阶段的体育教育对培养农民体育意识具有关键作用。体育意识的形成，前提是具备一定的体育锻炼知识和自我锻炼能力。因此，农村出身的中小学生在校期间获取的体育知识、自主锻炼能力的强弱，直接关联到他们未来的体育意识水平。要确保这些学生接受高质量的体育教育，学校必须配备满足教学需求的基本体育设施、拥有专业知识的师资队伍。

总之，增强农民体育意识，应从加强和改善农村中小学校的体育教育入手，确保体育教育能够为学生传授必要的体育知识、运动技能和科学的体育观念，进而逐步改变整个农村对体育的认识。这不仅是提升农民个体健康水平的需要，也是推动农村社会全面进步的重要一环。

第三节 农民体育文化教育与体育意识培养

一、农民体育文化教育路径

(一) 帮助农民树立正确的体育价值观

改革开放以来,我们清晰地看到,国家采取了"经济先行,文化随后"的发展战略,这在特定的历史阶段无疑是最为明智的选择,为后续的全面发展奠定了坚实基础。但随着改革的不断深入,文化领域的发展滞后日益显现出其制约性,成为深化改革进程中必须消除的障碍,体育事业的革新也不例外。体育文化的建设,尤其是针对农民群体的体育文化建设,绝非孤立之事,它需要在明确的价值观引领下推进。体育文化本质上反映了一个社会整体的体育生活方式及其背后的价值观念。农民体育文化是社会主义新农村建设不可或缺的一部分,体现了一种新型农村生活方式及其价值体系,彰显出当代农民体育的核心价值观,因此,发展农民体育文化,不仅要关注硬件设施的完善,更要注重软件——体育精神和文化的培育,确保体育文化的发展与经济社会的其他领域相协调。

农民体育价值取向问题是文化建设中不可忽视的一环,尤其在推进社会主义新农村建设的背景下,它显得尤为关键。我们要坚决贯彻集体主义原则,共同构建富有社会主义特色的"农民体育文化"体系。这一文化体系,旨在为我们建设小康社会指明方向,为我们追求更加美好的生活提供强大的精神动力。我们之所以反复强调农民体育文化建设的重要性,正是希望用科学的理论武装农民群众,用正确的观念引导农民群众,用高尚的精神塑造农民群众。这样的文化建设,不仅能够为我们体育事业的繁荣发展奠定坚实基础,更有助于激励亿万农民群众树立积极向上的体育价值观,形成不断进取、追求卓越的良好氛围。

在体育价值观念的架构中,主导价值观扮演着引领和调控整体体育价值取向的关键角色。从个体参与者的维度审视，农民的体育价值观可细分为个人层面的价值观与集体层面的价值观。集体价值观，即某一社会集体（这里特指农民群体）对于体育这一价值对象所产生的认识，构成了该群体确立价值追求、进行价值评判及价值抉择的基础。这种价值观深深植根于该社会群体每个成员的个人信念中，并成为群体广泛认可与接受的共识。而农民体育的主导价值观，则是在这一价值体系中发挥导向功能的核心价值观，它通常反映的是社会主流群体的共识。一般而言，一种先进的主导价值观应当是被人们深刻理解并自愿践行的理念。假如主导价值观未能在社会实践过程中为大多数人带来预期的益处，它就难以赢得普遍的认可和支持，其主导地位自然也就无从谈起。

社会主导价值观是社会追求的价值理想的高度概括，是主流意识形态在价值导向上的具体表现，对社会各领域的实践行为具有显著的导向作用。在社会转型的特殊阶段，这一价值观更是至关重要，它不仅有助于调解多元价值观的潜在冲突，还确保了社会转型过程的平稳与有序。当前，中国正处于社会转型的关键时期，农民体育文化的建设恰逢社会结构与文化的深刻变革期。因此，主动构建符合当前社会发展需求的农民体育文化价值观，有效整合社会中存在的多种价值观，明确文化发展的方向，成为了我国社会主义新农村体育文化建设的紧迫任务与核心议题。这不仅是丰富和发展"农民体育"内涵的关键，也是促进农民全面发展、提升农村社会文明程度的重要基石。

在未来中国农民体育的发展蓝图中，"健康"理应占据农民体育主导价值观的核心位置，这不仅蕴含了积极向上的体育精神面貌，也强调了个人体质的强健，以及全面、科学的健身体系。在发展社会主义新农村体育事业的过程中，"健康"应成为引领前进的鲜明主题。在此基础上，爱国主义、集体主义和社会主义精神应当成为构筑"健康"体育精神的三大支柱，它们不仅深刻反映了社会主流价值观的方向，体现了我们对体育理想的追求，而且拥有广泛的群众基础和重要的现实意义。

爱国主义、集体主义和社会主义作为社会本位的核心价值观念，各自承载着重要的社会使命。爱国主义价值观念彰显了对民族、国家深切的情感认同与忠诚，激发民众维护民族尊严、追求国家强盛的强烈意愿与行动力。在体育领域，尤其是竞技体育，通过体育赛事和文化活动的推广，能有效激发民众的爱国情感和民族自豪感，树立积极向上的体育文化观。集体主义价值观念则在维护集体利益与促进个人发展之间寻求平衡，它鼓励个人在追求自身利益的同时，积极参与集体事务，维护集体利益，这与我国农村社会长期形成的宗族、家庭集体观念相契合，特别是在以自然村为基本单位的农村社会结构中，集体主义精神尤为重要，是促进乡村和谐与进步的重要基石。社会主义价值观则致力于实现社会共同繁荣的目标，它映射出在社会主义初级阶段，全国人民对建设小康社会的共同憧憬与坚定信念。社会主义不仅被视为中国发展的必然选择，也是通往共同富裕的必由之路，其价值观是对这一历史进程的理性认知和追求。爱国主义、集体主义、社会主义这三大价值观念均立足于社会整体利益，从不同维度解答了个人与社会的互动关系，它们相互支撑、内在统一，共同构成了社会主义价值取向的坚固基石，与我国长期以来的社会价值观导向高度一致，为农民体育乃至整个社会的发展提供了强大的精神动力。

总体而言，我们在探讨乡村振兴中的农村体育问题时，首先应当考虑的是"通过加强农村体育文化的建设，树立科学的农民体育观"，只有这样才能把握好农村事业前进的方向，凝聚农村体育前进的力量。

（二）多渠道实施体育文化的教育传播

1.加强科学文化教育，通过教育培训提高农民的文化素质

体育作为一种深植于社会文化之中的教育衍生形态，其发展与普及要求我们采取综合策略。改变农民群体对于体育的认知，不能孤立地讨论体育本身，而应将重点置于教育的根基上。这意味着，在提升农民整体科学文化素养的过程中，融入体育文化教育及技能培养至关重要。尤其需要强调的是，针对农村干部与普通民众开展体育基础知识普及教育，这是推动体育观念转变的关键举措。

长期以来，农村地区受传统观念及农民综合素质水平不高的影响，体育事业的发展面临较大阻碍。因此，推动农民体育工作开展的首要任务是通过文化与教育的力量，逐步转变农民的观念，营造有利于体育发展的新氛围。这要求我们建立一套教育与培训体系，旨在引导农民摆脱落后文化观念，拥

抱新时代的思想。在此过程中，融入体育文化知识与运动技能的教育极为关键，它是实现新农村文化建设的内在需求，也是有效推进全民健身的重要途径。为实现这一目标，可以采取多种实践措施，比如开办体育骨干短期培训班、专项运动技术研习班，以及建立体育活动站点和辅导中心等，以此来激发农民体育生活的活力。

2.利用多种媒体资源进行体育文化传播

针对农村地区的特殊性，应当灵活运用电视、广播、报刊、互联网等多种媒介资源，向农民普及现代体育文化的精髓，传递正确的体育价值观念和新颖的健身理念。通过这些渠道，让农民朋友紧跟时代步伐，知晓并关注当前流行的体育健身趋势，激发他们认识现代体育文化、参与体育活动的兴趣与意愿。这样可以使体育健身成为农民广泛接纳的生活方式，使这些新鲜的文化元素在农村社会中逐渐渗透，替代那些落后的传统观念。

例如，看电视是许多农民首选的休闲方式，同时也是对他们进行宣教极为有效的平台，我们应当在农村电视频道中适当增加体育节目内容，尤其要重视增加健身教育类节目的比重。为了提高教育效果，可制作包含太极拳、五禽戏、八段锦等传统健身项目的教学DVD或在线视频，方便农民在家自主学习，促进体育技能的普及。同时，广播在农村尤其是偏远地区拥有广泛的听众基础，其内容贴近农民生活且信息更新及时，我们应充分利用这一媒介，播放与农民健康、养生相关的体育健身知识，以及介绍当地农村体育活动动态和体育积极分子的事迹，通过讲述身边人的故事来激发农民参与体育锻炼的热情，加快健身活动在农村的推广步伐。

3.发挥各级各类人才的示范作用

乡镇及村级体育主管领导和体育文化工作人员作为现代体育文化的组织者与倡导者，他们的实际行动对转变农民的体育观念具有显著的作用。体育教师和社会体育指导员作为体育文化的直接传播者，在推动农民体育发展中扮演着重要角色。农村学校作为体育文化传播的关键平台，学生作为参与体育活动的主力军，应当充分扮演好宣传者的角色。此外，体育骨干、体育爱好者以及农村知识分子等群体也是农民体育文化传播的重要力量，他们在体育文化建设中能够发挥先锋作用。为了构建一个高效、稳定的农民体育人才支撑体系，必须在体育主管领导的统筹下，整合所有体育人才资源，形成一个紧密联结的组织网络。

4.发挥乡镇、农民工的桥梁作用，促进城乡体育文化交融

随着农村改革的深入推进及市场经济体制的不断健全，乡镇作为农村区域内的经济中心、人口中心、政治中心、文化中心和体育中心，被视为"城市边缘"与"乡村之首"。乡镇通过模仿城市生活方式并对其周边乡村产生辐射影响，日益成为农村文化现代化的关键载体，促进了城市文明向乡村的渗透及乡村文化的革新。乡镇企业在农村工业化进程中迅速成长，培育了一批企业家和新一代农民，这些新兴阶层不仅带来了新的文化观念，如强烈的企业团队意识和效率意识，也对农村社会结构产生了深远影响。随着农村经济结构的调整和人口流动性的增加，个人的选择自由度提升，大量农民工涌入城市工厂，他们作为城乡文化互动的桥梁，将现代城市文化元素带回农村，加速了传统乡村文化的转型。农民工和乡镇企业的员工，兼具工人身份与农民背景，这种双重属性对促进城乡体育文化的交流与融合具有一定优势。因此，应发挥这一群体的作用，比如在农民工返乡期间，组织体育赛事、体育表演等活动，通过树立典型和示范效应，激励更多农民群众学习先进、积极参与体育锻炼。

二、农民体育意识培养策略

（一）利用学校体育教育培养农民体育意识的对策

体育意识是指个体对于体育现象的主观反应和认知，它涵盖了人们对体育的感知、思考以及评价等多个方面。因此，培养体育意识本质上是一个系统性的教育过程。鉴于我国农民体育意识淡薄的现状，为了显著提升其体育意识水平并推动农村体育的蓬勃发展，我们不仅需要重点关注农村中小学的

体育教育，以此作为突破口，还需充分利用和依托高校体育教育的丰富资源和强大力量。通过这样的双重途径，可以实现事半功倍的效果，从而更有效地增强农民的体育意识。

1.发挥中小学的体育教育功能，培养未来农民的体育意识

中小学作为培养未来农民的重要教育阶段，肩负着塑造学生体育意识、为农村体育发展奠定基石的重任。鉴于部分学生毕业后将回归农村从事农业生产，因此，发挥中小学体育教育的功能显得尤为重要。

（1）政府与学校强化农民的体育意识

政府部门领导必须从战略高度出发，深刻理解加强学校体育工作对于全面提升国民素质和推动社会进步的重大意义。应将农村学校体育工作明确列为基础教育督导评估的重要组成部分，将其视为衡量学校教育质量、评选优秀学校不可或缺的指标。这要求严格执行国家关于体育教育的相关法律法规，加大对农村体育教学的管理力度，确保每所学校都建立健全体育工作制度，坚决纠正轻视或忽略农村体育教育的倾向。教育行政管理部门及社会各界应积极响应，对涉及体育教育的政策文件，不仅要全力支持，还应在必要时采取刚性措施，确保各项政策措施得到有效执行。

中小学管理层必须充分认识到体育课程在培养学生综合素质中的重要作用，从行政管理上给予强有力的支持，确保体育教学工作在基层学校落地生根。在学校层面，应科学规划农村学校体育的发展蓝图，设定具体目标、制订详细行动计划与实施方案，实施分层管理，协同各方力量，共同推动农村体育教育事业的发展。通过构建系统化的管理制度体系，不仅要提升学校体育教学质量，更重要的是，以此为杠杆，增强农村学生乃至广大农民群体的体育意识。

（2）加强农村中小学体育教师队伍建设

政府部门切实履行职责，确保体育教师在待遇、职位及荣誉表彰等方面受到公正对待。针对农村学校，特别要致力于改善体育教师的工作和生活环境，营造吸引并留住人才的良好氛围。国家及地方政府应发挥引导作用，出台激励政策，鼓励和支持体育专业毕业生投身农村教育事业，确保每所农村学校都能配置充足的专职体育师资力量。

此外，应拓展体育师资的培养与培训渠道，依据农村地区的实际情况，灵活开展专兼职体育教师的继续教育与专业培训项目，加速提升农村体育教师队伍的整体素质与专业能力。通过这些措施，确保体育课程由具备专业资质的教师执教，使学生能够系统学习科学的体育知识，掌握正确的体育锻炼方法，培养健康的生活习惯。

（3）修正体育课程的教学目标

在"终身体育"理念和"健康第一"教育方针的指导下，我国高校体育教学侧重对学生自主锻炼能力的培养，大学体育课程以体育技能教育为核心，旨在激发学生的锻炼兴趣，引导他们自发投入体育活动。然而，考虑到我国现行九年义务教育制度，中小学体育教育须借鉴高校体育教育模式，在小学与初中阶段，除了增强学生体质外，更须重视教授科学锻炼方法，确保学生掌握自我锻炼的基本技能、途径与知识。在课程编排上，应注重培养学生参与体育活动的自信，通过丰富多样的教学内容激发其锻炼兴趣，进而自然而然地增强学生的体育意识。

2.借助高校力量增强农民的体育意识

面对我国农村地域辽阔、农民人口基数庞大的现实，仅凭有限的中小学资源，尤其是那些缺乏专业体育师资的学校，去全面承担发展农村体育教育的重任确实难以实现。相比之下，高等院校则拥有得天独厚的优势，不仅具备完善的体育场地设施，还拥有经验丰富的专业教师团队和充满活力的体育专业学生群体，这些都为介入并促进农村体育教育的发展奠定了坚实的基础。

（1）高校师生进入农村开展体育教育

政府部门应积极对接周边高校，携手合作，在各村落或村民小组内建立农村体育辅导站，充分发挥高校学生的专业优势。通过定期安排体育辅导活动，派遣高校学生担任辅导员，深入各辅导站点，为农民朋友举办体育健康讲座，传播科学的体育锻炼知识，亲自示范并指导农民进行体育锻炼。同时，协助策划和开展多样化的农村体育赛事与活动。这一举措旨在激发农民参与体育活动的热情，逐步增强其体育意识与健康观念，吸引更多农民自觉、积极地参与到体育锻炼中来。从长远看，这将有助于在农村地区形成重视体育锻炼、追求健康生活的良好风气，为构建和谐乡村社会奠定坚实的基础。

（2）农民进入高校接受体育教育

依托高校优势，打造体育示范村，是高等体育教育服务于农村体育发展的创新实践。高校应主动开放校园，邀请农民走进大学，享受高质量的体育教育资源。通过与农村地方政府的紧密合作，高校可在课余时间、节假日及寒暑假期间，充分利用自身的体育场馆设施，为农民量身定制体育培训课程，举办形式多样的农民体育比赛和活动，以此激发农民参与体育的热情，引导他们形成经常锻炼的习惯，深化农民的体育认知，有效扩大农村体育人口规模，推动体育示范村的建设。这一策略不仅能够直接提升农村体育水平，促进农民身心健康，还能反哺高等体育教育，为高校学生提供实践平台，增强他们的社会责任感和实践能力。

（二）提升农民的经济实力，加强体育硬件设施建设

体育与经济发展息息相关，两者相互促进，密不可分。鼓励农民参与体育健身活动，首要前提是保障其经济基础，确保农民收入增长，生活宽裕。实现这一目标后，体育才能真正成为农民生活中的一部分。全国体育彩票公益金的使用应当更加公平与全面，不应仅仅集中于大城市和小城镇，而应加大对农村地区，特别是农村中小学校体育设施建设的投资力度。这包括建设体育场地、体育馆等基础设施，同时，应因地制宜，充分利用各地区的自然资源，如山地、河流等，创造性地融入体育设施的规划与建设中，既节约成本又保护环境，促进体育设施与自然景观的和谐共生。这些体育设施应向全体村民开放，既便于统一管理和维护，又能最大程度地惠及大众，让更多人享受到体育锻炼的乐趣和便利。通过这种方式，可以有效促使农民在农闲时节参与体育活动，逐渐形成常态化的健身习惯，增强农村居民的体育意识，建设健康的体育社群。

（三）建立乡村文化站，大力宣传健身意识

在乡村设立文化站，开展体育健身宣传工作，营造积极向上的舆论氛围，是增强农民体育意识的有效途径。这样能够让农民直观感受到体育健身活动的乐趣及其对身心健康的积极作用，从而在情感上产生共鸣。

一方面，使农民认识到体育不是为了培养精英运动员或应对竞技比赛，而是服务于每个人，与国家推行的全民健身计划及终身体育理念相契合，旨在全面提升国民的身体素质和心理健康水平。体育应当成为每个人生活中不可或缺的一部分，促进个体德、智、体、美的均衡发展。

另一方面，鼓励农民亲身参与体育锻炼，让他们在实践中领悟"体育是通往健康长寿之路"的真谛。只有拥有健康的身体，才能提升生活品质和工作效率，这一点在农民群体中尤为重要。通过参与体育活动，农民能摆脱"劳动即锻炼"的传统观念，认识到体育锻炼的科学性和重要性。

第四节 乡村学校体育教育的发展策略

一、乡土文化与乡村学校体育融合发展

实施乡村振兴战略，作为一项全面性、历史性的国家重大任务，其关系到社会主义现代化国家的建设全局。在此过程中，教育被赋予了重要使命，它不仅是巩固脱贫攻坚成果、促进乡村振兴的关键路径，更是赋能乡村发展的内在动力。教育的这一使命，要求我们在推进乡村振兴战略时，必须将乡村教育的振兴放在优先位置，确保教育成为乡村可持续发展的核心驱动力。文化是教育的源泉之一，它潜移默化地影响着人的思想和行为。

当前，城市文化的快速传播给乡土文化带来了挑战，导致乡土文化的记

忆逐渐淡化，乡村教育也因此面临诸多困境。乡土文化作为民族精神的根脉和智慧的结晶，不仅是乡村社区的灵魂，也是促进乡村社会和谐与发展的精神纽带。因此，将乡土文化与乡村学校体育深度融合，不仅能够促进乡土文化的传承与创新，还能丰富乡村教育的内涵，提升乡村学校体育的教育价值，从而在更深层次上助力乡村振兴战略的实施。乡村振兴，教育当先，而学校体育作为教育体系中的重要组成部分，对于促进学生全面发展至关重要。在这一背景下，我们必须立足本土，创新思路，通过理念的革新、模式的创新和机制的完善，推进"本土化"教育实践，即将乡土文化深深融入乡村学校体育之中。这意味着，我们要挖掘和利用乡土文化资源，设计具有地方特色的体育课程与活动，让学生在参与体育活动的同时也能感受到乡土文化的魅力，从而激发他们对本土文化的自豪感和保护意识。

总之，乡土文化与乡村学校体育的融合，不仅是传承和发展乡土文化的需要，也是提升乡村教育质量、实现乡村振兴战略目标的关键举措。通过这一融合，我们不仅能够促进乡土文化的活态传承，还能全面提升乡村青少年的身心健康水平，为乡村振兴战略注入持久的动力。

具体而言，乡土文化与乡村学校体育融合发展要从以下几方面展开。

（一）以乡土体育课程为载体

在城镇化迅猛发展的时代背景下，大量乡村人口外流，使得乡土文化在城镇文化的冲击下逐渐式微。乡村学校体育教育在这一过程中也未能幸免，往往忽视了乡土文化的传承与弘扬，转而过度追求城市化教育模式。目前，乡村体育教育内容多以西方体育项目为主，导致学生的情感和价值观日渐脱离本土文化。在多元文化交织的背景下，乡村学校体育的教学内容往往局限于主流运动项目，如篮球、足球等，缺乏对乡土体育资源的深入挖掘和整合。同时，由于乡村学校体育设施匮乏，师资力量相对薄弱，这些主流运动项目也难以得到有效开展，进而影响了学生对体育学习的兴趣和参与度。鉴于此，乡土体育课程作为乡村学校体育的重要组成部分，要充分发挥作用。

1.深入挖掘乡土体育课程的全面育人价值，践行本土化教育理念

借助丰富多彩的乡土体育课程，激发学生的乡土情怀与集体荣誉感，同时强健他们的体魄，培养他们的心理素质。在规划体育课程内容时，我们应紧密围绕学生的兴趣与真实需求，将本地的自然环境、悠久的文化传统以及丰富的社会资源融入其中，从而打造出既具有特色又有吸引力的体育课程。而在体育课程的实施过程中，我们应格外注重学生的参与度和体验感，让他们在轻松愉快的氛围中体验运动的乐趣。

2.强调乡土体育课程的独特魅力，推动乡村学校迈向卓越发展之路

乡土体育课程以其鲜明的特色，成为乡村教育中一道亮丽的风景线。它巧妙地将乡村的自然风貌与深厚的文化底蕴融入体育教学之中，为乡村学子打造了既有趣味性又有教育意义的体育课堂。这一创新的教育模式，不仅丰富了乡村学校的教学内涵，更为乡村学校的高质量发展注入了强劲动力，让更多乡村孩子能够享受到优质的教育资源。

（二）以乡村体育教师为主导

强化乡村教育之本，在于教师队伍的建设，须将此置于发展战略的首位。

第一，乡村体育教师作为乡土体育课堂的引领者，扮演着至关重要的角色。在教学活动中，他们应当深刻认识到哪些乡土文化要素能积极促进学生的全面发展，并巧妙地将这些文化精髓融入体育课程之中，通过这种方式增进学生的身心健康，并加深他们对本土文化的认同。

第二，乡村体育教师肩负着传播乡土文化与体育技能的双重职责，他们在精通体育专业知识的同时还应具备传播乡土文化的能力。为此，乡村体育教师应不断探索新的教学策略与手段。他们的教学水平直接关系到乡村体育教育的质量，唯有全面掌握乡土文化的知识，方能在课堂上自如传授，展现出自信满满且驾驭自如的教学魅力。

第三，乡村体育教师应当加强资源共享与经验交流。通过学校组织的集体备课、示范课观摩等活动，营造互学互助、沟通协作的良好氛围，这不仅能够有力推动乡村体育教学质量的提升，还能深化教师间的合作与交流。在

资源方面，鼓励教师分享各自的教育素材，比如融合乡土文化的教学课件、图像资料及视频等，实现优势互补。同时，通过经验交流平台，教师们可畅谈个人教学体会，共同分析与解决乡村体育教学实践中的难题，共同促进教学方法的创新与优化。

（三）以乡村学生为主体

乡村学生是学校体育教育的对象与主动学习者，"以学生为中心"的教育观念深刻凸显了乡土文化与乡村体育教育融合发展的目标——促进学生的全面发展。通过让学生亲身体验乡土文化活动、参与文化认同教育课程，以及动手参与乡土文化教材的编写，不仅能够让学生在不知不觉中增强对乡土文化的认同感，还能有效促进文化的自然传承，让学生在这一过程中成为文化继承与创新的生力军。

首先，开展乡土文化认知与体验活动。乡村学校应利用地理优势，将体育教育与乡土实际相结合，选用学生熟悉的本土元素作为教学内容，设计多样化的体育活动，使学生在参与中直观感受乡土文化的韵味与价值。

其次，结合乡土文化建立体育课程体系。将乡土文化元素融入体育课程，既能丰富课程内容，提升学习的趣味性和实践性，又能促使学生在体育活动中领略本土文化的独特风情，加深对家乡的情感与文化自豪感。

最后，构建包含乡土文化掌握程度的乡村体育学习评价机制。响应新课程标准要求的多元化评价，将乡土文化知识与技能的掌握情况纳入体育学习评价中，旨在提高学生对乡土文化学习的重视程度，并准确评价学生的学习成效与目标达成情况，为后续教学提供依据。同时，该评价机制有助于及时发现学生学习中的薄弱环节，指导教师有针对性地调整和优化教学策略。

（四）以乡村社区为支持

城市化进程对乡村社会产生的"磁吸效应"，导致乡村人力资源与经济资源的大量流失，大量农民进城使乡村的乡土文化传承面临后继乏人的困境。与此同时，乡村学校的封闭式管理，虽然可能是出于安全的考虑，却无形中筑起了一堵"心理隔离墙",削弱了学校与乡土社区天然的联系与互动,使得学校仿佛成为了孤立于乡村社会之外的岛屿。面对这一现状,乡村学校体育不应画地为牢,而应积极寻求与乡土文化的深度融合,认识到乡土文化根深蒂固及其与体育教育相辅相成。通过挖掘和运用乡土文化中的独特元素,乡村学校可以改革体育课程,开展富有地域色彩的体育活动,既激发学生的参与热情,增强体质,又让学生在活动中接受乡土文化的熏陶,培养对家乡的深厚情感。

乡村社区应成为乡村学校体育发展的坚强后盾,通过各种形式的支持与参与,如共享体育设施、举办综合体育赛事等,不仅能丰富社区文化生活,提升居民健康水平,还能营造积极向上的体育氛围,增进乡村社会的整体福祉。这种良性互动,不仅能让乡土文化在体育活动中得到活态传承,也能让学校体育成为乡村社会活力的源泉,激励学生在未来回馈并建设自己的家乡,推动乡村振兴。

二、信息赋能农村学校体育教育高质量发展

中国实施乡村振兴战略以来取得了显著的成就,体现在农业综合生产能力的提高、粮食安全的稳固、农民收入的增长以及农村社会经济的发展等方面。乡村振兴战略不仅促进了农村经济结构的优化升级,还加强了农村基础设施建设,提升了公共服务水平,为农村学校的高质量发展奠定了坚实的基础。在这样的背景下,农村学校体育的高质量发展显得尤为重要。它不仅是乡村振兴战略在教育领域的一个重要体现,也是响应高质量发展要求、促进学生全面发展的重要环节。具体来说,农村学校体育教育的高质量发展可以通过以下几个方面实现。

(一)加强农村学校信息赋能,提高政策执行力

信息技术赋能对于提升政策执行力具有显著效果,从而助力政府部门高

效管理。在推动农村学校体育教育发展的过程中，提升政策执行力显得尤为重要，而信息技术赋能正是提高政策执行力的重要手段。通过丰富多样的技术手段，我们可以提升政策执行力，确保农村学校体育政策的顺利实施。这要求参与农村学校体育教育治理的多元主体从各自的角度出发，共同推动青少年体育健康发展。因此，我们应积极利用信息技术的赋能作用，加强政策执行，以促进农村学校体育的持续发展。具体而言，加强信息技术赋能农村学校体育发展涵盖以下两个方面：

一方面，信息技术的引入，为农村学校体育教育的多中心化高效治理提供了强大的支撑。这一模式打破了以往只由政府主导治理的局限，利用数字化平台和工具，促进了体育、教育、卫生、人力资源等部门及各类体育协会、社会组织之间的紧密协作与信息共享，确保了政策执行的灵活性和高效性。各参与主体基于自身优势，在信息技术的赋能下，能够更精准地定位自身在农村学校体育教育中的角色，既保持独立性，又协同作战，共同致力于促进学生身心健康。

另一方面，信息技术激发了社会组织在农村地区体育教育中的潜能。政策层面的开放和支持，为社会组织的参与提供了便利，鼓励它们发挥自身优势，参与到农村体育教育资源的供给、教学内容的创新、体育活动的组织等各个环节。这种参与不仅充实了政府力量，还丰富了体育教育资源，使得学校体育教育更加贴近农村发展的实际需求，增强了教育的针对性和实效性。在此基础上，信息技术进一步促进了权利关系的平等与互动过程的优化，确保了不同主体间的信息对称与利益平衡。政府不再是唯一的决策中心，而是转变为服务者与监管者的角色，通过信息技术手段保障各参与方能够公平地获取资源、表达需求与贡献价值。这种机制创新与技术应用的双重驱动，为农村学校体育教育的现代化转型提供了可靠的路径，提高了体育教育的质量与效率。

（二）以信息化为基础促进农村学校体育管理高质量发展

在信息技术的推动下，农村学校体育的高质量发展将迎来全新的篇章。外部管理模式的革新主要聚焦于宏观把控与方向引领，而内部对于学生的管理亦须与时俱进，积极采用信息化手段。目前，在发达地区的试点学校中，学生体质健康的电子信息收集工作已开展。这些学校充分利用各类电子体育设备，实时采集学生的运动数据，进而生成每位学生的身体素质发展情况报告。该举措将显著提升学校体育课堂的教学效率与质量。教师可以依托这些直观的身体发展数据，更加精准地制订教学计划。短期内，这些数据可以为日常教学提供参考；而从长远来看，它们则能为人才培养提供依据。此外，这些丰富的数据资源还将为构建更为完善的学校体育数据库奠定坚实基础，从而为未来制定全国性或地区性的学校体育政策提供参考。

各类体育电子设备在保障学生健康方面发挥着重要作用，它们能够实时监控风险并预测学生潜在的健康风险，有效减少因安全风险而导致的教师被动应对或忽视课堂安全的情况。这有助于更科学地规划安全管理流程，特别是在农村地区，体育教师可以借助这些设备更好地规避安全风险，从而更加安全地组织开展学校体育活动。为了建设更加安全和谐的乡村校园环境，相关部门应进行统筹安排，通过构建严密的监控网络，增加监控的覆盖密度，确保校园内各个角落的安全状况都能得到及时有效的监控。同时，共享校园体育设施的监控画面，让家长能够实时了解孩子的体育锻炼情况，这不仅有助于加强家校之间的沟通与互动，还能有效促进家校共建。此外，体育电子设备的应用还能督促教师更加认真地履行教学职责，提高教学效果。通过监控画面，教师可以更加直观地了解学生在体育活动中的表现，及时发现并纠正学生的错误动作，从而确保学生的运动安全。

（三）加大资源投入力度，促进农村学校体育师资信息化建设

首先，增强优质体育师资力量的流动性，通过推动市区公办学校校长的定期轮换，并派遣杰出体育教师前往乡村及体育教育资源匮乏的学校交流，以此作为提升乡村教师专业技能和信息素养的途径。这些优秀的体育教师在乡村学校的入驻，能够对当地体育教师进行专业培训，引入更多信息化教学方法，更新体育与健康教育观念，促使乡村体育教师在信息化教学中更加游刃有余。

其次，强化体育教育的组织与管理，实行经验丰富的体育教育管理者轮

岗制度，针对乡村学校的实际情况，采用科学化、信息化管理策略，实施具体有效的教育改革方案，旨在改变体育课程形式化的现状，确保教育内容的充实与课程的有效实施。

再次，构建城乡学校间的合作框架，采取"强校带动弱校"和"一对一帮扶"策略，促进合作办学，形成"教育联盟"，促进资源共享。这种合作不仅促进了人才的双向流动，还实现了资源的优化配置，利用城市学校在多媒体、信息化设施及在线教育资源上的优势，推动城乡资源共享，实现资源的高效利用。

最后，从财政角度设立专门的学校体育发展基金，专门支持学校体育信息化建设和教师培训，以及购置信息化设备。运用该基金对在教学中使用信息技术的乡村体育教师给予补贴和奖励，推动体育课程与信息技术的深度融合。资金投入加速了乡村体育教育现代化进程，构建了一支能够科学配置人力资源、高效利用物资资源的信息化体育教师队伍，从根本上优化了体育教学的传统模式。

第五节　以高等体育教育服务农民体育发展的思考

面对我国农村地域广阔、农民人口基数庞大的现实，仅凭有限的中小学资源，尤其是那些缺乏专业体育师资的学校去全面提升农村体育教育水平是难以实现的。相比之下，高等院校则拥有得天独厚的优势，不仅具备完善的体育场地设施，还拥有经验丰富的专业教师团队和充满活力的体育专业学生群体，这些都为介入并促进农民体育事业发展提供了坚实的基础。因此，要想快速发展我国的农民体育，就必须结合高等体育教育，充分发挥高等体育教育的功能作用。

一、高等体育教育服务农民体育发展的必要性

（一）新农村建设的需要

农民体育事业作为农村社会主义事业及精神文明建设中不可或缺的一环，占据着举足轻重的地位。高等体育教育在服务于农民体育发展的进程中，不仅满足了建设社会主义新农村的迫切需求，同时也体现了高等教育在社会主义经济建设和构建和谐社会中所承担的重要使命。

（二）开展全民健身运动的需要

要达成全民健身的国家战略目标，农民的广泛参与至关重要。为了让更多农民参与到体育活动之中，成为体育健身积极分子，开展具有针对性和实效性的体育教育变得极为关键。这要求各级学校，尤其是高等院校的体育教育，在农村地区发挥其教育引导的作用，有效增强农民的体育意识。因此，高等体育教育资源向农村体育事业的倾斜，是实现全民健康愿景不可或缺的一环。

（三）农民体育自身发展的需要

尽管近年来我国农民体育发展有了显著的进步，但要实现根本性转变，除了外部支持外，核心在于农民体育自身的成长与壮大，提升其自我"造血"能力，因此要应对农民体育意识薄弱、管理人才短缺、体育知识普及面窄、运动项目单一等诸多挑战。解决这些问题的关键在于强化体育教育。因此，高等体育教育资源向农民体育领域的投入，不仅是对外援助的补充，更是农民体育实现内生性发展的迫切需求。

二、高校体育教育服务农民体育发展的可行性

（一）高校体育教育与农村体育人口的关系

在我国体育参与群体中，有一部分人遗憾地未能直接受益于高等体育教育，而这一群体中农村体育人口占了绝大多数。这并非表明高等体育教育与农村体育是相互隔离的，反而强调了高等体育教育在促进农民体育发展中承担着更为重大的责任。有关数据表明，拥有高等教育背景的人群中体育参与率最高，这有力证明了高等体育教育在培育体育人口方面的巨大影响力和潜在价值。因此，加强高等体育教育与农民体育的联系，对于提升农村体育水平及实现全民健身目标具有重要意义。

（二）高等体育教育与农民体育意识的关系

在中国各类职业群体中，农民群体的体育意识相对薄弱。农民中普遍存在体育认知误区，如视体育锻炼为时间的无谓消耗、担心体育活动影响农业生产，以及误以为日常体力劳动足以替代体育锻炼等。这些认识偏差的根本原因在于农民普遍缺乏体育教育，未能深刻理解体育的真正意义与价值。因此，要从根本上消除这些误解，必须重视并着手加强针对农民的体育教育，以此作为提升他们体育认知水平的关键途径。

（三）高等体育教育与农民体育管理的关系

在管理实践中，人的因素最为关键且充满活力，因为管理本质上是一项依赖人类智慧与行动的活动。当前，我国农民体育领域面临着管理人员综合素质偏低、数量不足、工作易受主观因素干扰、欠缺规范性、专业背景与岗位需求不匹配，以及管理与指导团队在教育背景和结构配置上不合理等问题。要扭转这一局面，关键在于培养大量农民体育管理专业人才，而这必然离不开教育的支撑，尤其是高等体育教育的介入。因此，高等体育教育与提

升农民体育管理水平之间存在着密切的联系。

（四）高等体育教育与农民体育项目开展的关系

我国农民体育项目因缺乏科学的规划、管理和科研支持，导致许多项目难以呈规模化发展，一些富有乡土特色的体育活动也难以得到有效推广。当前，农村体育管理机构面临专业人才极度短缺的问题，仅凭现有力量难以完成体育项目的综合规划、管理、创新及推广任务。尽管中小学具备一定的体育师资，但力量相对薄弱，无法充分满足需求。相比之下，高等院校拥有庞大的体育专业教师队伍和数量较多的在校体育专业学生，他们是体育知识、技能传授和科研活动的主力军，具备体育专业知识素养和传播、科研能力。鉴于此，高等体育教育在改进农民体育项目现状方面发挥着举足轻重的作用，是推动农民体育事业进步不可或缺的力量。

（五）高等体育教育与农民体育锻炼场所的关系

高等体育教育通过其深远的影响力，能够有效促进农民体育场地设施的建设和完善。在高等体育教育的积极影响下，随着农民体育管理水平的提升、体育参与人口的持续增加、体育意识的普遍增强以及多样化体育活动的普及，农民对于高质量体育场地设施的需求将显著增加。这反过来又将成为推动农民体育基础设施建设的强大动力，促进农村体育环境的全面优化与升级。因此，高等体育教育不仅是提升农民体育素质的关键，也是促进农村体育设施建设与发展的重要催化剂。

三、高等体育教育服务农民体育发展的策略

（一）依托高校建设体育示范村

高等体育教育服务于农民体育的发展，必须要循序渐进，充分利用高校的各类体育教育资源。可依托高校优势，在其周边农村创建体育示范点，根据当地实际情况建设体育示范村，树立典型，随后逐步向其他农村地区推广，形成辐射效应，普及体育文化。高校应转变教育理念，强化为社会主义新农村建设服务的责任感和使命感。实际上，高校周边的农村居民往往因受高等教育环境熏陶，体育意识觉醒，体育消费观念亦较为前卫，唯独体育设施资源有限。因此，高校可设立"校园开放日"，允许周边农村居民在指定时段使用校内体育设施，既提高了资源利用率，也促进了社区融合。同时，高校应与地方政府合作，共同在各自然村落建立农村体育辅导站点，派遣体育专业学生定期前往，担任体育辅导员角色。这些学生不仅能传播健康知识，教授正确的锻炼方法，还能组织农民参与体育活动和比赛，有效激发农民的体育热情和参与积极性，从而在实践中不断提升农民体育的整体水平。

（二）加强高校内部体育教育改革

当前，我国高等体育教育与社会体育实践，尤其是与农民体育之间存在明显脱节，教学任务与内容设计未能充分考虑群众体育发展的实际需求，导致高等体育教育资源未能充分有效地服务于社会体育发展。在乡村振兴的大背景下，高等体育教育的改革势在必行，须紧密围绕农民体育的现实需求调整课程内容、教学模式，增强教育内容的社会适应性和实用性，确保体育教育能够更好地服务于乡村体育事业的发展。

1.高校体育课程内容改革

在体育课程教学中，创造性地引入模块化课程，通过构建体育专业核心课程模块与农民健身服务性课程模块，旨在增强课程的灵活性与实用性。这

一改革涉及对传统体育专业课程及基础课程的调整与优化，确保它们能更好地与农民体育健身需求相衔接。课程设计紧密围绕新时代体育教育的职业素养、人文素养与专业应用技能，形成核心课程模块；同时，将富含民族和民间特色的传统体育项目（如健身秧歌、跳绳、拔河、舞龙舞狮、龙舟、游泳、太极拳、台球、踢毽子）与现代体育活动（攀岩、登山、定向越野等）相结合，纳入服务性课程模块，旨在培养农民健身指导员所需的各种技能，包括体育基本技能训练、健身方法指导、体质健康评估、运动会组织等，并提供校内实习机会，形成一个全面的、面向农民体育服务的人才培养课程体系。核心课程模块着重提升学生的体育综合素养和专业能力，而服务性课程模块则专注于增强学生在科学健身方法指导方面的技能，提高他们的实践操作水平。此外，高校应树立前瞻性的信息化观念，积极利用现代信息技术搜集、筛选、整合农民健身指导、运动会组织等相关信息，通过开发校园网和体育健康专题网，拓宽学生视野，全面提升其综合素质，为学生未来向广大农民传播科学健身知识奠定坚实的专业基础。这样的课程体系不仅满足了乡村振兴对高等教育的新要求，也为培养符合新时代需求的农民体育指导人才提供了新路径。

2.高校课外体育活动模式改革

高校应充分利用课外体育活动的拓展潜力，凭借其在人力资源与体育设施方面的优势，成立以民族民间体育健身为主题的乡村体育健身俱乐部，由擅长此类活动的教师指导，带动学生参与其中。通过引入学分制，鼓励学生加入体育健身俱乐部并成为会员，规定每周参与三次以上的体育活动即可获得相应学分，以此激发学生的参与热情。俱乐部活动应有固定的时间与地点，由专业教师现场指导，传授科学的锻炼方法与健身之道，确保活动的专业性和有效性。同时，举办乡村体育健身专题讲座，系统讲解体育锻炼的科学原理与健康促进策略，讲座中采用观摩交流、教学评价、专题研讨和合作探究等多种互动形式，促进师生间的深入交流。这种模式不仅能够丰富学生的课外生活，提升他们的体育素养和实践能力，还能充分满足农村体育发展需求，向农村地区输送具备专业知识与技能的体育指导人才，助力乡村振兴战略下的农民体育健身事业的发展。

3.高校体育教育实习改革

长久以来，众多高校与社会实践层面的联系不够紧密，尤其是师范类院校的体育教育实习，大多局限于各级各类学校的课堂教学实践，鲜少涉足社会体育，尤其是农民体育领域。为改变这一状况，高校应在教学实习体系上进行革新，不仅要巩固校内教学实习的基础，更要积极促进学校体育向社会的延伸，将教学实践活动深入农村体育中去。通过这种实习模式，学生能够了解农村体育的实际情况与农民健身的需求，产生服务农村、奉献社会的责任感，同时在农村这片广袤的土地上，全面提升个人的综合体育素养与实践能力，为农民体育事业的发展贡献智慧与力量。实习活动可以通过多样化途径和灵活方式开展，比如建立高校-农村体育合作基地，开展农民体育健身指导项目，组织体育赛事与健身活动，或是进行体育健康知识的普及教育等。这样不仅能够有效锻炼学生，还能够直接促进农民体育的健康发展。

（三）建立农村体育指导员培训基地

为了强化农村体育指导员队伍的建设，应当充分利用高校，尤其是农业高校的人才资源优势，建立农村体育指导员培训基地。高校不仅拥有强大的体育师资队伍、成熟的教学方法和手段，还配备了完善的体育设施与器材，为社会体育指导员的培训创造了优越条件。通过积极吸纳大学生加入社会体育指导员队伍，可以优化队伍的知识结构，注入新鲜血液。因此，加强高等院校农村体育指导员培训基地的建设，最大限度地发挥其人才资源优势，是农村体育指导员队伍实现可持续发展的关键路径。建议对有意投身社会体育指导工作的本科毕业生，特别是具备专业特长并通过考核的学生，直接授予二级社会体育指导员资格；专科毕业生则可直接授予三级社会体育指导员资格。同时，应广泛吸纳来自社会各界的体育爱好者和志愿者，特别是学校体育教师群体。这些体育教师接受了正规的体育专业教育，不仅掌握丰富的体育理论知识，还有组织体育竞赛和活动的实践经验，是农村体育指导工作的中坚力量。应积极动员他们加入社会体育指导员队伍，充分发挥他们在全民健身活动中的指导作用，从而解决农村体育指导员短缺的问题。

（四）高校与农村学校形成体育教育一体化

农村中小学与高校在体育教育的合作中，应紧密围绕社会体育特别是农民体育的现实需求来规划和制定教育目标，形成以高校体育教育为引领，小学、中学与大学体育教育一体化发展的模式。这样做旨在避免教育内容的重复和学生体育锻炼方法的缺失，确保体育教育与农村体育发展需求相匹配。鉴于我国实行九年义务教育制度的现状，农村学生在校接受体育教育的关键时期集中在小学至初中阶段，因此，体育教育内容应包含能够指导学生进行终身体育锻炼的方法，确保学生具备自我锻炼的能力。为实现这一目标，可构建分层次的体育教育目标体系：

一是小学至初中阶段，注重培养学生对体育的兴趣和坚韧不拔的意志品质。

二是初中至高中阶段，强化体育基础理论与基本技能的学习应用，使学生掌握一定的锻炼方法。

三是高中至大学阶段，进一步提升学生的体育实践及指导能力。

这一目标体系确保各级学校体育教育活动目标清晰、各有侧重，同时保持不同阶段学校体育教育的连贯性和互补性，确保学生在不同教育阶段都能获得递进式发展，最终实现高校体育与农村学校体育的无缝对接，共同为促进农民体育发展贡献力量。

第七章

体育产业赋能乡村振兴的路径

乡村体育产业作为乡村经济发展的关键组成部分，承担着推动乡村振兴、增进农民福祉的重大责任。国家政策的积极扶持与引导，为乡村体育文化的繁荣与体育产业的兴盛注入了强劲动力，旨在全面促进农民身心健康，增强其幸福感。乡村体育产业作为乡村社会的重要构成与特色领域，正以其独特的魅力与潜力赋能乡村振兴，开启乡村发展的新篇章。高质量推进乡村体育产业的发展，不仅能有效提升产业层次，实现"三农"工作与体育事业的深度融合，还能在脱贫攻坚战中发挥引领作用，助力乡村全面振兴目标的实现，展现体育产业在乡村振兴中的独特价值与贡献。本章主要对体育产业赋能乡村振兴的路径进行研究，首先分析体育产业高质量发展服务乡村振兴的价值体现，然后分别对农村体育休闲健身产业发展、体育旅游产业发展、体育康养产业发展以及体育特色小镇产业集群发展展开研究。

第一节　体育产业高质量发展服务乡村振兴的价值体现

一、乡村体育产业高质量发展的内涵

高质量发展是新时代党的二十大提出的重大战略方针，它的提出标志着我国经济步入了一个全新的发展阶段，成为了全面构建社会主义现代化国家的关键路径。在此背景下，培育和发展战略性体育产业集群，已成为地方经济高质量发展的重要驱动力。特别是对于乡村体育产业而言，充分利用地域特色，打造独具特色的体育产业集群，不仅能够显著提升乡村体育产业的整体竞争力，还能促进区域经济的多元化与差异化发展，实现经济效益与社会效益的双赢。

从理论视角来看，产业高质量发展意味着从单纯追求规模扩张转向注重内涵式增长，即从"数量增长"向"质量提升"的深刻变革。这意味着产业须聚焦于技术创新、效率提升与品牌建设，以实现可持续发展。而在实践操作上，产业高质量发展则体现为全要素生产率的提高、产业结构的优化以及价值链的升级，三者相辅相成，共同推动产业向高端化、智能化、绿色化方向迈进。

概括而言，乡村体育产业高质量发展是以新发展理念为指导，以满足乡村群众体育物质和精神需要为核心，以国家产业政策为引领，以数字化为依托，通过拓展乡村产业多元化功能价值，整合乡村体育文化资源，推进乡村体育与旅游、医疗、会展、康养、装备制造等产业深度融合，最终实现乡村体育产品标准化、服务品质化、结构高级化、价值最大化。[1]

---

[1] 邓梦楠，李书娟.乡村体育产业高质量发展赋能乡村振兴思考[J].体育文化导刊，2023（10）：27-34.

二、体育产业高质量发展服务乡村振兴的主要价值

乡村体育产业的高质量发展，无疑是乡村振兴战略中促进共同富裕的关键路径。在我国脱贫攻坚取得决定性胜利、乡村振兴蓝图全面铺开的新阶段，乡村体育产业作为产业振兴的核心支柱，承担着前所未有的历史重任。通过深入挖掘与整合乡土体育文化资源，乡村体育产业正逐步构建起与农业、文化、旅游、康养等领域跨界融合的创新模式。在这一过程中，乡村群体的广泛参与与协同合作，极大地激发了体育市场的活力，为乡村振兴提供了源源不断的内生动力。

具体而言，乡村体育产业高质量发展在乡村振兴中的核心价值可归纳为以下五个维度。

（一）助力产业兴旺

体育产业的蓬勃发展，不仅能够直接创造就业机会，增加农民收入，还能带动相关产业链条的延伸，如体育用品制造、赛事组织、休闲旅游等，形成产业集聚效应，推动乡村经济多元化发展。

（二）推动生态宜居

体育活动的普及与体育设施的完善，有助于改善乡村居住环境，提升居民生活质量。同时，绿色体育理念的传播，促进了生态环境保护与修复，实现了人与自然和谐共生。

（三）营造乡风文明

体育运动的推广，不仅丰富了乡村居民的精神文化生活，还促进了邻里间的交流与互动，增强了社区凝聚力，传承和弘扬了优秀的乡土文化和传统美德。

（四）助推治理有效

乡村体育产业的发展，为基层社会治理提供了新的抓手。通过组织各类体育赛事和活动，可以加强村民自治，提升乡村治理能力和水平，构建共建、共治、共享的社会治理格局。

（五）促进生活富裕

乡村体育产业的高质量发展，将显著提升农民的生活水平和幸福感，促进物质文明与精神文明建设，为共同富裕目标的实现奠定坚实基础。

第二节　农村体育休闲健身产业发展

一、农村体育休闲健身产业发展的现状与建议

（一）农村体育休闲健身产业发展的现状

1.农村休闲健身产业市场化程度低，自身造血能力不强

休闲健身产业作为农村体育产业的一个重组成要部分，近年来呈现出了稳定发展的态势，然而它在整个农村经济体系中的比重仍然较低，且产业规模普遍偏小，市场体系尚处于发育初期，不够成熟和完善。这种状况限制了休闲健身产业对农村经济的贡献度，同时也影响了其自身的发展潜力。农村体育特色小镇，作为推动休闲健身产业发展的一种模式，旨在通过集中资源，打造特色体育项目和赛事，吸引游客和体育爱好者，从而带动周边区域的经济发展。然而，目前多数体育特色小镇的辐射效应并不显著。这主要是

因为建设体育特色小镇前期往往需要较大的投资，包括体育设施、住宿餐饮、交通配套等基础设施的建设，而这些投入未能立即转化为明显的经济效益。另外，具有广泛影响力的品牌赛事体系尚未完全建立，导致小镇的吸引力和可持续性受到限制。

2.人均体育场地面积不足

体育场地的供给是农村休闲健身产业发展的基石和关键因素。目前，我国农村地区在体育场地供给方面存在明显的短板，尤其是室内体育场馆的开放程度和使用效率相对较低。大部分室内场馆要么开放时间受限，要么仅限于特定的企事业单位使用，这限制了普通农民接触和使用这些设施。因此，农民的体育活动往往集中在户外，如篮球场、乒乓球台等，这使得他们的体育锻炼易受到天气条件和季节变化的影响，影响了体育锻炼的连续性和规律性。

与此同时，我国农村地区的人均体育场地面积与体育发达国家相比存在着显著的差距。体育发达国家通常拥有较为完善的体育设施网络，无论是室内还是室外，都能确保民众在任何天气条件下都有足够的场所进行体育锻炼。相比之下，我国农村地区体育设施的缺乏，不仅降低了农民的体育参与度，也影响了全民健身计划的实施。

3.缺少专业健身指导员，农民健身意识薄弱

当前，投身于基层社会体育指导工作的体育专业毕业生比例偏低，这在一定程度上制约了农村休闲健身产业的专业化发展。农村地区休闲健身产业的发展对体育指导员提出了更高的要求。他们不仅要具备扎实的体育基础知识和指导技能，还需要深入了解当地的文化背景和人文环境，以便能够根据农村地区的特点和农民的具体需求，制订出既科学又实用的运动方案。此外，随着产业的不断发展，市场营销能力也逐渐成为体育指导员必备的技能之一，这对于提升服务质量、扩展业务以及提高产业竞争力至关重要。然而，能够同时满足这些复合型技能要求的体育指导员数量极为有限，这直接影响了农村休闲健身产业的服务质量和长远发展。与此同时，农民群体对健身与康养的认识还处于初级阶段，健身观念和意识普遍不强，这也成为阻碍

产业发展的另一个重要因素。许多农民对体育锻炼的重要性认识不足，缺乏主动参与健身活动的动力，这在一定程度上影响了体育指导员的工作成效和产业的市场需求。

（二）农村体育休闲健身产业发展的建议

首先，深入挖掘和利用各地区独特的自然资源和民族文化资源，开发具有地方特色的健身休闲运动项目。例如，结合山区的自然环境，可以开展徒步、攀岩、山地自行车等户外运动；依托水域资源，可以开发水上运动项目；同时，将民族传统体育活动，如赛龙舟、射箭、摔跤等，融入现代休闲健身体系，既能丰富运动形式，又能传承和弘扬民族文化。构建以这些特色运动项目为核心的竞赛体系，不仅能够提升农村体育产业的吸引力，还能促进当地文化的传播和旅游业的发展。

其次，加强农村地区体育基础设施建设，特别是加大对室内体育场馆的建设力度，是解决当前场地不足问题的有效途径。农村室外健身场地与室内场馆之间存在显著的数量差距，这直接影响了农民参与体育活动的多样性和便利性。因此，政府应加大财政投入力度，鼓励社会资本参与，加快室内体育场馆的建设，确保每个乡村或社区都能拥有至少一个多功能的室内体育中心。同时，优化现有体育设施的管理和使用，提高设施的利用率和维护水平，为农民提供更加舒适、安全的运动环境。

最后，面对农村休闲健身产业对复合型人才的迫切需求，高等教育机构和地方政府应携手合作，改革人才培养模式，设置更多跨学科的专业课程，培养既懂体育又掌握管理、康养、营销等多方面技能的复合型人才。同时，通过政策引导和激励机制，吸引和留住人才，鼓励他们扎根农村，为休闲健身产业的发展贡献力量。此外，利用互联网技术手段，可以有效弥补专业人才的不足，通过线上平台提供健身指导、赛事直播、远程培训等服务，让更多的农民能够享受到便捷、专业的体育服务。

二、乡村振兴背景下民间体育与休闲健身产业融合发展的思考

民间体育，作为中华民族体育文化宝库中一颗璀璨的明珠，具有丰富的历史底蕴和鲜明的地域特色。在新时代背景下，民间体育的发展不仅需要坚守其独特的民族性和区域性，更要紧跟时代步伐，实现本土多元化发展，积极探索与文化产业、旅游产业等多领域的深度融合与创新，这是实现高质量发展的必然选择。

（一）建构与保护民间体育"文化空间"

文化空间，作为民间体育与传统文化活动的孕育之地，既是地理上的具体场所，也是承载周期性或特定事件的文化容器。当今，民间体育项目深深植根于民俗文化场域，其与休闲健身产业的融合不能忽视对文化空间的保护。社会的持续演进与变革塑造了多元化的文化场域，这些空间充满了象征意义与时间的印记，源源不断地孕育并传递着各式各样的身体文化，其中不少演变成了今日的民间体育形式。然而，社会的转型与城市化进程的加速带来了新挑战，许多传统空间正逐渐淡出历史舞台，一些体育活动也因此失去了立足之地。尤其在西方体育文化的影响下，以及中国城镇化进程加快的背景下，部落与村落的消逝直接削减了民间体育的生存土壤。但值得庆幸的是，文化场域的留存意味着身体文化的展示仍有舞台，人与人之间基于体育活动的情感联结得以延续，这对于民间体育的守护与传承至关重要。文化空间的存续，不仅是对传统体育活动的一种物质支撑，更是维系情感的纽带。在保护与传承民间体育的进程中，我们必须维护这些独特的文化场域。

诸多民间传统体育项目深深植根于节日、祭祀与庆典等文化场域之中，它们不仅是一项体育活动，更是文化传承与社区凝聚力的体现。近年来，国家高度重视非物质文化遗产的保护，将达斡尔族的斡包节、库木勒节、瑟宾节等传统节日列入非物质文化遗产名录，这不仅提升了这些节日的社会地位，也为保护民间体育的文化空间提供了坚实的政策保障。在乡村振兴的大背景

下，促进民间传统体育与休闲健身产业的融合，不能局限于个别项目的保存与开发，而应当全面考虑"文化空间"的整体保护与创新。斡包节、库木勒节、瑟宾节等节日作为"文化空间"的典型代表，其保护与重构对于推动民间体育的可持续发展至关重要。通过这些节日，可以吸引游客参与体验，增加地方经济收入，同时也能增强当地居民的文化自豪感与归属感。此外，挖掘并激活更多潜在的"文化空间"同样重要，如冬季那达慕等特色体育活动，它们往往蕴含着丰富的地方文化与民族特色，具有较大的旅游吸引力和发展潜力。通过科学规划与合理利用，不仅可以保护与传承这些珍贵的文化遗产，还能促进地区经济的多元化发展，实现文化和经济的双赢。

（二）完善保障机制，促进民间体育保护与发展

民间体育作为民族文化的重要组成部分，其保护与传承工作亟须健全的法律制度来支撑。目前，尽管已有一些相关政策文件出台，对民间体育的保护与发展给予了初步的指导和规范，但在具体执行层面，仍存在不少挑战和空白。比如，有政策提出了建立传承人制度，以确保民间体育项目的技艺与精神能够代代相传，但在实际操作中，传承人的"活力"明显不足。造成这一现象的原因是多方面的，主要集中在民间自治组织与机构的缺失、奖励与退出机制的不完善、传承环境与条件的限制等。因此，出台专门针对民间体育项目的保护细则，明确遗产分类、保护标准、申报流程及监管机制是必要的。

在非物质文化遗产保护的背景下，数字化技术成为推动民间体育文化项目挖掘、分类与整理的强大助力。构建详细的数字库，不仅保存了宝贵的体育文化遗产，还为后续的研究与传播奠定了坚实基础。利用休闲健身产业的平台，设立民间体育博物馆和特色项目示范区，不仅能有效推广民间体育，还能深化大众对民族传统文化的记忆与认同。通过强化情感纽带，激发民间族群的民族情感，鼓励个体积极参与，是传承与发展传统体育的关键所在。在对外展示民间体育魅力的同时，内部的情感共鸣与文化自豪感的培养同等重要，共同推动民间体育的持续繁荣。

（三）在继承传统的基础上推动民间体育的产业化发展

民间体育得以延续的关键在于不断地求新求变。借鉴国际体育项目的发展经验，无论是历史悠久的拳击、足球、橄榄球，还是后起之秀的空手道、跆拳道、体操，无一不是在创新中寻求突破，最终赢得广泛的认可。民间体育与休闲健身产业的融合，同样需要走创新化和产业化的道路，对传统体育的形式、内容与规则进行现代化的审视与革新。

在民间体育与休闲健身产业融合的道路上，西方体育文化的影响与国内生产方式的变迁，使得民间体育发展受限，传统传承模式面临严峻挑战。家庭传承的式微，加之现代生活节奏的加快，使得民间体育文化遗产与蓬勃发展的休闲健身产业之间的融合变得愈发艰难。面对这一现状，多元化传承路径的探索与传统传承模式的强化成为了当务之急。学校作为传承的重要阵地，虽已承担起民间体育的教育使命，但实践中却暴露出对传统体育项目挖掘与研究的不足。为破解这一难题，政府应扮演引领者的角色，积极促进民间体育领域高级人才的培养，尤其是那些能够深刻理解民间体育精髓，并具备实践创新能力的专业人才。这不仅包括运动员，还包括了教练员、裁判员、项目管理者乃至体育学者，形成一支全方位、多层次的人才队伍，为民间体育与休闲健身产业的深度融合奠定坚实的基础。同时，政府应着力推动民间体育项目的产业化发展，将传统体育的传承与创新置于市场经济的大潮中，通过市场化运作，激发民间体育的内在活力，提升其社会影响力与经济效益。近年来，国家层面的特色村寨、特色小镇政策为民间体育的复兴提供了难得的机遇。各地应积极把握这一契机，将民间体育元素融入特色村寨、特色小镇的建设之中，开发具有民族特色与地域风情的体育旅游产品，推动体育、旅游与文化的深度融合，创建独具魅力的民族体育文化品牌。此外，政府应加强对民间体育文化特色定位、路径选择与结构布局的战略规划，出台一系列优惠政策，鼓励社会企业的广泛参与，为民间体育项目的开发与推广创造良好的外部环境。

第三节 农村体育旅游产业发展

一、开发农村体育旅游的价值

(一)落实"体育+旅游",助力健康乡村建设

百姓的健康状况,不仅是个人追求幸福生活的基石,更是衡量社会进步与文明程度的重要指标。健康,关乎个体的成长、成熟与成就,它赋予人们追求美好生活的无限可能。唯有国民健康得到全面保障,乡村的健康发展方能扬帆远航。近年来,随着全民健身战略的纵深推进,乡村面貌焕然一新。崭新的运动场、先进的体育设施如雨后春笋般涌现,从乒乓球台到篮球架,从健身器材到多功能文化广场,这些硬件设施的完善,极大地丰富了村民的文体生活,提升了他们的健康素养与生活质量。与此同时,乡村旅游正成为乡村经济发展新的增长点。各地依托独特的自然资源、人文景观与民俗风情,精心打造旅游品牌,吸引来自四面八方的游客。这种将乡村特色资源与旅游产业深度融合的模式,不仅有效拉动了当地经济发展,还加快了乡村振兴的步伐。在此背景下,"体育+旅游"的创新模式应运而生,它不仅丰富了乡村旅游的内容与形式,更为农村地区的基础设施建设注入了新动力。乡村体育设施的完善,不仅满足了村民日益增长的健身需求,也为外来游客提供了体验乡村体育文化的平台,实现了体育与旅游的双赢。

(二)助力乡村产业转型升级,促进乡村经济结构调整

我国一些乡村正巧借着得天独厚的自然风光,如葱郁的森林公园、宁静的湖泊、生机盎然的湿地以及巍峨的大山,积极打造慢生活休闲体验区。这些地区通过建立森林康养中心和山岳型养生度假区,精心设计太极养生、温泉疗养、游乐养生以及文化养生等多样化的乡村旅游项目,旨在满足各类游

客的不同需求，营造出一种回归自然、享受生活的氛围。这一举措促进了乡村经济的显著增长。体育旅游的蓬勃兴起，不仅激发了乡村的经济潜力，还为当地农民开辟了增收的新渠道。体育旅游服务的提供、旅游设施的建设以及特色产品的销售，共同构成了乡村经济新的增长点，使得乡村经济体系更加完善。同时，体育旅游的推广还加速了乡村产业结构的优化升级。它促进了农业、手工业与服务业之间的有机融合，催生了新的业态，使乡村经济结构趋向多元化，增强了乡村经济的韧性和竞争力。此外，体育旅游的繁荣还为乡村创造了大量的就业机会。无论是旅游设施的日常维护、体育活动的策划执行，还是旅游服务的贴心提供，都为当地居民提供了丰富的就业机会，有效缓解了就业压力，提升了乡村居民的生活品质。通过这一系列的连锁反应，体育旅游正逐步成为乡村振兴的有力推手，展现出其独特的经济价值与社会价值。

（三）完善旅游服务体系，助力美丽乡村建设

数字化在推进美丽乡村建设和乡村振兴中扮演着至关重要的角色。随着信息技术的快速发展，全国各地正积极探索将数字技术融入乡村治理和旅游服务中，以提升乡村的综合竞争力和吸引力。信息发布系统作为数字化乡村建设的重要组成部分，通过整合网络资源，实现了信息的高效传播与管理。通过数字化赋能，乡村的旅游服务体系得以完善，不仅为游客提供了更加便捷、个性化的旅游服务，也显著提高了乡村的经济效益。例如，数字化平台可以精准匹配游客需求，推荐个性化旅游路线，同时，线上营销和预订系统能有效扩大乡村旅游的市场覆盖范围，吸引更多的游客，从而增加旅游收入，促进乡村经济的持续健康发展。此外，数字化还促进了乡村治理的现代化，通过数据收集和分析，政府部门能够更好地了解乡村发展现状和民众需求，制定更为精准的政策，推动乡村振兴战略的有效实施，最终实现美丽乡村的建设目标。

二、农村体育旅游业助力乡村振兴的路径

（一）因地制宜，开发特色体育旅游项目

我国乡村地区因其丰富的自然资源和独特的文化背景，为体育旅游的融合发展提供了广阔的空间。为了最大程度地利用这些优势，乡村地区应采取一系列策略，以促进体育项目与旅游业的深度融合，强化旅游体验，同时推动当地经济和社会的全面发展。

首先，创新体育旅游产品。创新是体育旅游发展的动力。乡村地区应结合自身的地理、文化特色，开发多元化的体育旅游产品。例如，利用乡村的田园风光，设计徒步、骑行、野营等户外探险项目；依托当地的农耕文化，开展农事体验、果蔬采摘等互动式活动；结合民俗节日，组织传统体育竞赛，如赛龙舟、斗牛、射箭等，让游客亲身体验地方文化。

其次，强化项目策划与推广。良好的项目策划和有效的市场推广对于吸引游客至关重要。乡村地区应该精心策划体育旅游项目，确保它们既富有地方特色，又能满足不同游客群体的兴趣和需求。同时，利用社交媒体、旅游平台、旅游博览会等多种渠道进行宣传，提高项目的知名度。定期举办有影响力的体育赛事或文化节庆活动，如马拉松、自行车赛、风筝节等，以赛事吸引客流，带动旅游经济的发展。

最后，提升服务质量和体验。提高游客满意度的关键在于提供优质的服务和难忘的体验。乡村地区应加强基础设施建设，如住宿、餐饮、交通等，确保游客的基本需求得到满足。同时，配备专业的导游和工作人员，提供周到的服务和专业的解说，让游客深入了解当地的文化和历史。

（二）构建完整的区域性体育旅游产业体系

构建和完善体育旅游产业体系是一项系统工程，特别是在乡村地区，需要政府、企业和其他社会领域的共同努力，以实现资源的有效整合和产业的可持续发展。

首先，深入挖掘地方资源，开发特色体育旅游项目。利用乡村的山川、湖泊、森林等自然景观，开展登山、徒步、皮划艇、垂钓等户外体育活动。结合乡村的历史文化、民俗风情，策划文化体验游、传统体育赛事（如赛龙舟、拔河比赛）等活动，增强游客的文化体验感。

其次，培育地方特色品牌，提升市场吸引力。结合地方特色，打造独一无二的体育旅游品牌，如"乡村马拉松""民俗文化节"等，形成品牌效应，吸引目标客户，并与知名体育品牌或旅游平台合作，提升品牌知名度和市场影响力。

最后，推进区域合作，优化资源配置。加强与周边地区或能够资源互补的地区的合作，共同开发跨区域的体育旅游线路，如"古道徒步""环湖骑行"等，扩展市场空间。此外，共享市场信息和客户资源，减少重复建设现象，避免恶性竞争，实现互利共赢。

（三）利用互联网进行广泛宣传，提高知名度

在当今数字化时代，传统的线下旅游宣传方式已难以满足快速变化的市场需求，将"互联网+"的理念融入体育旅游业的宣传中，成为了提升地方知名度、推广特色资源、促进产业发展的关键策略。

首先，构建互联网宣传矩阵。开发官方网站、开通微博和微信公众号等线上平台，确保体育旅游信息的即时更新与广泛传播，增强信息的可达性和吸引力。

其次，社交媒体营销赋能。利用微信、微博等社交媒体的海量用户基础，通过创意内容、互动话题、用户生成内容（UGC）等方式，激发公众对体育旅游项目的热情，提升品牌影响力。

最后，精准网络营销策略。采用搜索引擎优化（SEO）技术，优化网站内容和结构，提升在搜索引擎中的排名。同时，运用关键词广告（SEM），针对潜在游客的搜索习惯投放广告，提高网站的可见度，增加访问量。

（四）贯彻新发展理念，促进体育旅游产品多元化

我国体育事业的发展要贯彻创新、协调、绿色、开放、共享的理念，旨在全面提升体育发展质量。在这一背景下，体育与旅游业的协同发展被赋予了新的使命。在实践中应注重体育项目的创新性，推动体育与旅游的深度融合，特别是在乡村旅游领域，要突破"农家乐"单一模式，开发更多的体育旅游产品，如民俗风情体验、心理调适游、民间艺术探访等，以满足不同游客的个性化需求。绿色发展是体育旅游业的基石，应强化制度规范，将环保理念贯穿于体育旅游项目的规划、建设和运营之中，倡导绿色旅游，保护自然生态，实现可持续发展。同时，加强城乡区域协调发展，缩小城乡体育旅游发展差距，推动资源共享和优势互补，形成体育旅游产业的良性循环。开放与共享则要求我们拓展视野，借鉴国际经验，推动体育旅游的国际化进程，同时确保体育旅游成果惠及全体人民，促进社会公平正义。通过深入贯彻新发展理念，我国体育旅游业将迎来更加广阔的发展空间，为乡村振兴和经济社会高质量发展作出更大贡献。

（五）大力开发乡村民俗体育旅游

民俗体育作为民族文化的瑰宝，具有深厚的历史积淀和独特的地域特色，将其与旅游业紧密结合，不仅能够丰富乡村旅游的内容，还能促进文化产业、体育产业和旅游产业的协同共生，为乡村旅游产业的创新发展注入活力。

1.加强民俗体育活动与旅游业的融合发展

深化民俗体育活动与旅游业的融合发展，是提升乡村旅游吸引力的关键之举。为此，各地应树立创新思维，不断优化民俗体育活动的形式与旅游服务机制，以满足游客多元化的需求。通过创新活动模式，增强民俗体育的趣味性和互动性，并根据游客的兴趣科学规划民俗体育活动，能够提升游客的参与热情。

企业应承担管理协调者的角色，整合资源，深化旅游服务的开发，为民俗体育与旅游业的融合提供更加多元化的对接平台。这不仅意味着提升两者

之间的紧密衔接度，更是在文化传承、经济创收、社会和谐等多维度上，充分发挥民俗体育活动的产业价值。通过精细的活动策划和高质量的服务供给，实现民俗体育与旅游业的深度融合，使乡村旅游拥有持久的生命力。

2.开发数字化民俗体育旅游产业

开发数字化民俗体育旅游产业，旨在通过新媒体的力量，放大民俗体育的魅力，提升乡村旅游的市场口碑和吸引力，构建一个健康的旅游生态。当前，尽管一些乡村地区的特色旅游项目拥有独特的发展潜力，但由于忽视塑造品牌形象和提升服务质量，导致市场口碑不尽如人意，限制了民俗体育活动的影响力和经济效益。开发数字化民俗体育旅游产业，是应对这些挑战的有力举措。各地区应结合民俗体育活动的时代特征和旅游业的数字化趋势，积极进行线上服务资源的开发与整合。利用社交媒体、旅游APP、官方网站等线上平台，不仅能够广泛宣传民俗体育活动的特色和魅力，还能提供便捷的预订、咨询、评价等服务，增强游客的参与体验。总之，数字化民俗体育旅游产业的开发是新时代背景下乡村旅游转型升级的必然选择，通过线上线下融合，能够充分发挥民俗体育活动的产业优势，推动农村体育旅游高质量发展。

第四节　农村体育康养产业发展

一、农村地区发展康养产业的优势

（一）资源优势突出

乡村地区坐拥丰富的自然资源与生态宝藏，如碧水青山、旖旎的山川田园风光，这些是城市少有的绿色瑰宝，它们构成了发展康养产业的独特优势。历经五千年农耕文化的滋养，乡村不仅积淀了深厚的文化底蕴，其优质的生态环境与闲适的生活节奏更为康养产业的发展提供了肥沃的土壤。这既是乡村康养产业兴起的根基，也是其持续发展的宝贵资源。

（二）国家政策支持

随着国家生态文明建设的纵深推进，健康养老产业正沐浴在政策春风之中，政府纷纷出台一系列扶持措施，为其蓬勃发展保驾护航。"十四五"规划更是明确指出，将全面加快健康中国的建设步伐。在此背景下，康养产业作为乡村转型的新兴力量，将迎来前所未有的发展机遇，不仅将成为乡村产业中一颗璀璨的新星，更预示着乡村养老服务质量升级的必然趋势，展现出广阔的发展前景。

（三）市场潜力巨大

随着城市化进程的加快，城市环境压力日益凸显，人口密集引发的交通拥堵与环境质量下降，加之国民日益增长的健康养生需求，乡村康养产业正悄然崛起。此外，国家倡导的健康生活方式深入人心，公众对康养产业的关注度空前高涨。曾经被边缘化的农村康养领域，如今已演变成不可忽视的主流趋势，其市场潜力十分可观。

二、农村体育康养产业发展的建议

（一）加强顶层设计，形成产业集群

农村体育康养产业与民生紧密相连，政府应扮演好统筹规划者的角色，通过顶层制度设计和综合协调，推动产业稳健前行。

一方面，制定全国统一的农村康养产业发展纲领，明确各职能部门的职责范围，强化部门间纵向与横向协作，确保产业生态链高效运转，引领体育康养产业规范化成长。同时，加强对地方政府的督导考核，确保政策红利精准到位，维护项目实施主体的合法权益。

另一方面，省级层面组建专门的农村体育康养产业发展指导小组，负责制定本区域内的产业发展蓝图与空间布局方案，优化产业配套服务，充分满足康养群体的医疗、养老、休闲、居住、文化等多元化需求，构建全方位的宜居康养生态圈，吸引并留住康养消费群体。具体而言，应根据地方实情，加大财政投入力度，重点提升农村交通网络、医疗服务等基础设施水平。同时，消除城乡资源分割壁垒，吸引社会资本积极参与农村体育、医疗、旅游、文化产业的建设，形成集聚效应，打造集体育、康养、居住于一体的乡村综合体，创造宜居宜养的乡村新环境。

（二）彰显康养特色，强化利益联结

首先，提高项目开发者对农村体育康养产业的认知，摒弃传统单一的产业思维模式，深刻理解该产业是立足于乡村独特自然景观与人文底蕴，融合体育锻炼、健康管理、养生休闲等多元服务的复合型业态。这要求开发者具备跨界整合能力，把握乡村资源特色，创新产业形态，开拓体育康养新天地。

其次，高度重视乡村资源的挖掘与利用，视资源为乡村发展的命脉。唯有通过科学规划与动态管理，才能有效变资源为资产，进而转化为经济效益，实现民富国强。建议采用村企合作模式，预防外部资本盲目介入带来的风险，基于对乡村资源的深入调研，精准定位，结合本地体育资源优势，以市场需求为指引，培育具有竞争力的体育康养品牌。同时，融入地方特色康养元素，如传统中医药、森林氧吧、温泉疗养等，与体育旅游相辅相成，推出个性化、差异化、多元化的康养体验项目。

最后，倡导村民及村集体积极参与农村体育康养产业建设，鼓励以土地使用权或资金入股形式，共建共享产业成果，构建利益共同体与联动机制，增强村民的参与感与获得感，激发乡村自我发展动力，促进农村体育康养产业可持续繁荣。这一机制不仅能有效规范产业发展，还能平衡各方利益，确保项目健康发展，实现共赢。

（三）加强职业培训，培养康养人才

首先，政府部门应紧密围绕农村体育康养产业发展的实际需求，精心设计并执行人才吸引策略，多途径、多维度地引进与培养专业康养人才。这包括创新人才激励机制，大力推行"人才回流"计划，激发人才回乡热情，共同投身于农村体育康养产业的建设与发展。

其次，强化康养服务人员的专业技能培训。政府应主动搭建教育与培训平台，鼓励社会力量参与，促进康养行业与教育深度融合，培育一批产教融合的康养示范企业，支持高校与优质机构共建康养实训基地，将康养场所转化为实训点，持续优化和完善现有培训体系。

再次，建立统一的康养人才培养标准，构建市、区、康养机构三级培训网络，实施分类培训机制，不断深入开展职业技能提升行动。紧跟市场变化，更新康养理念，将健康、保健、预防、养生等核心观念融入教育全过程，培养一批具备专业素养、综合能力和高尚品质的康养服务精英。

最后，着力提升康养服务人员的薪酬福利待遇与职业认同感。通过媒体宣传和社会倡导，提高公众对体育康养行业的认知度，创造尊重康养人才的良好社会环境，提升职业吸引力，吸引更多优秀人才投身康养事业，共同推动农村体育康养产业的高质量发展。

（四）强化科技创新，赋能智慧康养

技术革新是驱动体育康养产业突破发展的关键引擎，尤其对于农村体育康养产业而言，深度融合移动互联网、大数据、人工智能等前沿科技，构建智慧康养生态系统，已成为实现跨越性进步的必由之路。此举旨在超越地域限制，弥补农村人力资源短板，畅通城乡医疗资源共享渠道。

首先，应充分利用数字乡村建设契机，持续强化农村信息基础设施建设，逐步构建起覆盖广泛的智慧康养服务平台，重点加强城乡老年人健康数

据集成与分析，为精细化服务奠定坚实基础。

其次，推行"互联网+养老"模式，拓展智慧康养服务功能，如信息查询、在线预约等，构建虚拟养老服务顾问体系。通过远程医疗技术支持，为下乡康养的老年人提供便捷的线上诊疗服务，有效解决农村医疗资源短缺与服务效率低下的问题，显著降低康养老人就医的时间与经济成本。

最后，秉承"以老年人为核心"的设计理念，持续优化康养设施与产品，实施适老化改造，确保智能化设备易于操作，充分展现科技背后的人文关怀，让老年人在享受现代科技成果的同时感受到温暖与便利。

第五节 农村体育特色小镇产业集群发展

在政策的大力引导下，乡村振兴理念已深入人心，各地纷纷出台特色小镇产业建设与发展的指导文件，为体育特色小镇的发展提供了良好的政策保障。体育特色小镇作为新时期我国体育事业发展的重要组成部分，对于推动城镇化进程、形成体育旅游产业集群、助力乡村振兴具有举足轻重的意义。因此，加速构建体育特色小镇产业集群，已成为中国城镇化进程中的关键一环。针对体育特色小镇产业集群建设过程中所遇到的挑战和问题，我们应进一步优化调整体育特色小镇的产业结构，确保乡村振兴战略能够得到有效实施。

一、当前农村体育特色小镇产业集群发展的困境

（一）公共设施建设滞后，农村体育活力不足

农村地区体育公共设施建设的滞后，已成为制约农村体育事业发展的重

要因素。这一问题不仅体现为体育活动场地数量的不足与设施的老化，难以满足大众需求，导致农村居民参与体育活动的热情减退，健康生活习惯难以养成；更深层次的问题在于，与城市相比，农村体育资源配置的严重失衡，包括教练资源、培训机会和比赛平台的稀缺，直接阻碍了农村体育文化的繁荣和体育普及工作的开展。硬件设施的不足，加之软件资源的匮乏，使得农村体育产业难以吸引外部投资。企业与资本更倾向于流向设施完善、回报预期高的城市地区，农村体育产业的资金投入因此受阻，进一步加剧了公共设施建设的困境。同时，体育设施和资源的短缺，导致农村体育活动组织效率低下，赛事和活动难以有效开展，缺乏社会影响力，农村体育市场的开发潜力被抑制，居民对体育活动的认同感和参与度随之下降，形成了体育文化衰落的恶性循环。

（二）缺乏产业融合统筹，影响了市场发展

产业融合是推动经济发展、提升产业竞争力的重要途径，尤其在体育特色小镇的建设中显得尤为关键。然而，部分体育特色小镇在长期的发展过程中因规划不当、资源分配不均和管理模式单一，未能充分实现体育产业与旅游、文化、健康、教育等关联产业的深度融合，错失了协同增效的良机。

一方面，体育产业与其他产业之间合作较少，未能形成有效的资源共享机制和价值共创机制。例如，文体旅融合是体育特色小镇的一大亮点，但由于资金短缺和平台缺失，导致产业间合作难以实现，体育特色小镇的发展潜力未能得到充分挖掘。此外，体育产业在发展过程中，未能有效借鉴和吸收文化产业的成熟经验，如品牌建设、市场拓展和粉丝经济等，影响了体育特色小镇的品牌影响力和市场竞争力。另一方面，部分体育特色小镇的产业模式较为单一，过分依赖赛事运营和体育器材生产，缺乏与其他产业的深度联动。这种模式不仅难以扩大市场规模，还可能导致产能过剩、消费活力不足等问题，长此以往将制约体育特色小镇的可持续发展。

（三）业态耦合不够深入，缺乏体育专业人才

体育特色小镇作为体育产业与地方经济、文化深度融合的典范，其核心竞争力在于构建一个包含体育、旅游、文化、健康等多产业联动的生态系统。然而，当前多数体育特色小镇虽已初步开展体育赛事，但在与当地特色资源的深度融合上仍显不足，产业形态相对单一，未能形成有效的产业链条和市场协同效应，这直接制约了小镇经济的多元化发展和体育产业的经济效益。一方面，体育特色小镇内的业态耦合度较低，体育用品展销、文化展览、体育主题旅游等延伸产业尚未充分开发，导致小镇经济活动局限于体育赛事和训练，缺乏与旅游、文化、健康等产业的深度结合，错失了文体旅融合的市场机遇；另一方面，体育专业人才的短缺成为小镇发展的瓶颈，尤其是体育管理、营销、科研等高端人才的匮乏，影响了小镇的市场开拓、品牌建设和产业创新，人才流失现象也加剧了小镇发展的人力资源危机。

二、乡村振兴背景下农村体育特色小镇产业集群发展的路径

（一）加强公共设施建设，激发农村体育活力

体育特色小镇的规划与建设，应紧密结合当地体育文化特色和地理环境，以促进体育产业与地方经济、文化的深度融合。

首先，资金筹措与科学规划。通过政府投资、社会捐赠、公私合作等渠道，加大对乡村体育设施建设的投入力度。在规划阶段，充分调研小镇的体育文化特色、地理环境和居民需求，科学布局体育设施，如建设适合当地气候条件的户外运动场、多功能体育馆等，以满足不同年龄层和兴趣爱好的居民的需求。

其次，维护更新与商业化运营。定期对体育设施进行维护保养，确保其安全、耐用和舒适，延长设施使用寿命，提升使用体验。同时，探索体育设

施的商业化运营模式，如引入专业运营商，开发体育培训、赛事承办、休闲健身等增值服务，实现设施的自我造血和持续发展。

最后，激发体育消费与参与热情。通过举办各类体育培训、赛事和主题活动，营造浓厚的体育氛围，激发乡村居民的体育消费意愿和参与热情。例如，定期举办青少年体育夏令营、老年人健身讲座、家庭亲子运动会等，提升居民对体育活动的兴趣和参与度，促进体育消费市场的发展。

（二）统筹产业融合发展，扩大体育市场空间

体育特色小镇的建设与发展，关键在于挖掘和发挥地域特色，促进体育产业与其他产业的深度融合，形成独特的产业生态和竞争优势。

首先，打造体验式、互动式产品与服务。结合当地自然风光、历史文化、民俗风情等特色资源，开发一系列沉浸式的体育旅游项目，如山地自行车、徒步探险、水上运动、传统体育体验等，让游客在享受体育乐趣的同时，深刻体验地方文化，提升旅游体验的丰富性和互动性。

其次，推动产业跨界融合。体育产业与旅游、文化、健康、农业等产业的融合，可以催生新的业态和模式。例如，体育健康养生结合中医理疗、瑜伽冥想等元素，打造特色健康度假村；体育+农业体验，如农事运动会、乡村马拉松等，将体育活动融入农业生产与乡村生活，促进农业观光发展和农产品销售。

再次，构建产业链延伸与增值体系。通过体育赛事、培训、装备销售、体育传媒等环节的串联，形成完整的体育产业链，带动相关服务业和制造业的发展，实现产业价值的最大化。同时，体育小镇可作为区域经济的催化剂，促进周边餐饮、住宿、零售等配套产业的繁荣。

最后，加强区域合作与国际交流。与其他地区的体育特色小镇建立合作关系，共享资源，共同举办跨区域的体育赛事和文化交流活动，提升小镇的知名度和影响力。同时，引进国际先进的体育理念、技术和人才，推动体育产业的国际化进程，拓展国际市场。

（三）深化体育业态耦合，引进专业人才

提升体育业态的耦合度，旨在通过体育与旅游、健康、文化、科技等领域的深度融合，构建一个全方位、多层次的产业生态圈。这要求加大对体育设施与服务的投入力度，建设高标准的体育基础设施，提供优质的服务，并促进平台经济创新。

一方面，通过体育与旅游的结合，开发特色体育旅游线路，吸引游客体验地方文化与自然风光；与健康产业联动，推广运动康复、健康管理服务，满足人们日益增长的健康需求；与文化融合，举办体育文化节、艺术展览，弘扬体育精神；借助科技力量，运用大数据、人工智能等技术，创新体育训练、赛事组织与观赛体验。另一方面，强化交易安全、物流配送、客户服务等环节，提升平台服务质量；鼓励模式创新，利用新技术驱动业态创新、运营优化、市场拓展，提升平台吸引力，扩大用户基础，促进消费规模扩大与效率提升。

三、农村运动休闲特色小镇产业集群发展

运动休闲型体育特色小镇是指一种集多元化、高度参与性及丰富体验于一身的体育活动聚集地，通常坐落在自然环境优美的地区，面向广大消费者。这类小镇包含了广泛的休闲体育项目，比如经典体育项目、冬季冰雪运动、山地探险、球类竞技、水上活动，以及各类特色运动等。运动休闲型体育特色小镇创新性地融合了体育、文化、旅游、健康与休闲元素，打造出以休闲体育为核心的特色旅游目的地。这种综合模式不仅促进了体育运动项目的普及，还加速了旅游业、教育业和健康产业等相关领域的发展。

运动休闲型体育特色小镇紧随景区发展的步伐，与旅游业深度融合，共同规划构建。其规模适宜，多体现为小镇或小城级别，且往往历史悠久，先天拥有利于体育运动发展的条件，诸如宜人的气候、独特的地理优势及完善的基础设施等。这些小镇通常围绕一个或几个优势体育资源进行开发，以此

为引擎,开发一系列强调参与性和具有休闲乐趣的体育项目。设计时全面考虑不同年龄群体的需求,无论老人、青年还是儿童,都能在此找到适合自己的体育休闲、娱乐及教育项目,构成一个内容丰富、覆盖全年龄段的活动体系。对于基础设施,运动休闲型小镇有着更高的标准和要求,不仅追求外观的吸引力,更重视实际承载力与配套设施的完善,确保访客体验良好。在选址策略上,这些小镇倾向于布局在大都市圈附近或是热门旅游地周围。

为促进我国农村运动休闲特色小镇产业集群发展,应从以下几方面努力。

(一)制订符合市场规律的产业集群规划

体育产业作为我国新兴战略性产业,其产业集群的发展不仅能够实现资源的高效配置,还能促进产业间的深度融合,成为推动区域经济新增长的重要引擎。运动休闲特色小镇作为体育产业集约化、专业化发展的典型代表,其产业集群效应的发挥,对于提升体育产业的综合竞争力和经济效益至关重要。然而,当前我国农村运动休闲特色小镇在体育产业集群发展方面尚存在诸多挑战,未能充分发挥其经济增长潜力。对此,要从以下几方面着手改革。

第一,结合当地特色资源和市场需求,制订科学合理的产业集群发展规划,明确产业定位,避免同质化竞争,确保体育产业集群的差异化和特色化发展。同时,坚持以市场需求为导向,鼓励体育产业的技术创新、模式创新和管理创新,提升体育产品和服务的质量与附加值,满足消费者的多元化需求。

第二,积极开拓国内外市场,加强体育产业的国际化交流与合作,引入国际先进理念和技术,提升体育产业集群的竞争力。与此同时,政府应扮演好引导者和支持者的角色,通过政策扶持、资金投入、公共服务等手段,优化体育产业的市场环境,激发市场活力,避免过度行政干预,确保产业集群的健康发展。

第三,加快小镇基础设施建设,包括体育设施、交通网络、安全防护、住宿服务、智慧网络等,运用现代信息技术和大数据分析,提升体育产业集群的智能化水平和服务效率。此外,推动体育产业与科技、文化、旅游等领域的深度融合,形成产业链上下游的协同效应,扩大产业集群的辐射范围和影响力。

(二)打造核心体育赛事

优质的体育赛事作为体育特色小镇的核心吸引力,是集聚企业、资本和人才的关键资源。通过举办高水平和具有广泛影响力的体育赛事,小镇不仅能够吸引全球关注,还能促进体育及相关产业的集群发展,形成强大的产业凝聚力。以英国温布尔登小镇为例,其自1877年起举办温布尔登网球锦标赛,不仅提升了小镇的国际知名度,还吸引了世界顶级体育品牌和企业的投资,促成了世界级体育产业集群的形成,其经济效益和社会影响力巨大。因此,农村体育特色小镇应充分利用自身特色,精心策划并举办具有影响力的体育赛事,逐步发展成为公认的体育赛事中心。知名体育赛事的举办不仅能通过广告宣传效应吸引大量游客和体育爱好者的关注,还能促进小镇区域的产业结构优化升级,推动体育、旅游、文化等产业的融合发展,为小镇体育产业集群的壮大奠定坚实基础。通过赛事的持续举办和品牌建设,小镇能够吸引更多企业和人才的入驻,形成良性循环。

(三)推动产业集群中企业的可持续发展

我国运动休闲特色小镇体育产业正处于转型升级的关键期,亟须构建一套完善的产业引入、培育、整合与优化机制,以明确产业发展路径。传统的体育赛事与旅游观光模式已难以满足市场的多元化需求,其经济效益的局限性和不稳定性凸显。面对市场变革,农村运动休闲特色小镇应调整产业结构,强化企业间协同效应,依托地域特色,培育独具竞争力的农村体育产业。对此,要延伸产业链,探索创新体育项目,如体育康养、体育科技、体育文创等,增强体育产业集群内部的互联性,促使农村体育产业深深融入地方经济的全链条。同时,小镇应积极搭建平台,促进体育企业与旅游、文化、科技等行业的深度融合,形成资源共享、优势互补的产业生态。通过持续优化产业结构,不仅能够提升农村体育产业的经济效能,还能增加区域经济的韧性和活力,实现农村体育产业的高质量发展。

参考文献

[1]赵政.乡村振兴战略研究[M].西安：西北工业大学出版社，2021.

[2]蒲实，袁威.乡村振兴战略导读[M].北京：国家行政管理出版社，2021.

[3]刘祥.乡村振兴实施路径与实践[M].北京：中国经济出版社，2022.

[4]司亮.体育特色小镇管理理论与实践[M].北京：清华大学出版社，2023.

[5]王美玲，李晓妍，刘丽楠.乡村振兴探索与实践[M].银川：宁夏人民出版社，2020.

[6]陈锡文，韩俊.乡村振兴战略与路径研究[M].北京：中国发展出版社，2021.

[7]张顺喜.扎实推进乡村振兴[M].北京：中国言实出版社，2019.

[8]冉茂梅.乡村振兴战略与规划建设实践研究[M].长春：吉林科学技术出版社，2022.

[9]陈颖慧.让体育成为乡村振兴的新引擎[N].延边日报（汉），2024-03-15（007）.

[10]刘海洋."体育+"赋能乡村振兴的价值审视与实现路径[J].浙江体育科学，2022，44（03）：28-34.

[11]展茂浩，马超，石振国.体育赋能乡村振兴：价值阐介与动力供给[J].山东体育科技，2023，45（02）：15-22.

[12]王一楠.体育文化赋能乡村振兴的路径探析[J].信阳师范学院学报，2021，41（06）：109-114.

[13]廖上兰，吴玉华.民俗体育参与乡村治理的机制及路径研究[J].体育科学，2020，40（11）：31-41.

[14]单福彬，程金阳.乡村振兴下体育与文化、旅游融合发展的新路径———基于体育进入乡村文化礼堂的实践探索[J].石家庄学院学报，2021，23（06）：88-99.

[15]张向荣.乡村振兴战略下乡镇体育治理能力提升行动逻辑、困境与对策[J].体育文化导刊，2022（02）：35-41.

[16]朱鹏，陈林华.体育助力乡村振兴的经验与价值及路径选择[J].体育文化导刊，2021（02）：28-35.

[17]郭子瑜，陈刚.体育助力乡村振兴战略：逻辑前提、价值意蕴与推进路径[J].体育文化导刊，2022（11）：1-7+21.

[18]陈海棠，张沛锋，梁洁晶.体育助力乡村振兴的价值意蕴、实然困境与突围路径——以肇庆市为例[J].广东轻工职业技术学院学报，2024，23（02）：30-35.

[19]王亚强.河南省体育助力乡村振兴评价指标体系构建与实证研究[D].成都：成都体育学院，2023.

[20]李珍.农村体育助力乡村振兴的个案分析[D].北京：中国矿业大学，2023.

[21]雷孟君.体育助力乡村振兴发展的实施路径研究[D].荆州：长江大学，2023.

[22]武捷.新时代农村体育助力乡村振兴的发展路径研究[D].太原：山西大学，2022.

[23]何丽.成都市温江区黄石社区体育助力乡村振兴发展研究[D].成都：成都体育学院，2022.

[24]王前坤.体育促进乡村振兴的路径研究[D].上海：上海体育学院，2021.

[25]吕钶.乡村振兴战略下农村体育治理的实践逻辑与因应策略[J].北京体育大学学报，2022，45（02）：64-73.

[26]周铭扬，谢正阳，张樱，等.乡村振兴战略下我国农村公共体育服务效能提升研究[J].成都体育学院学报，2022，48（01）：79-84.

[27]方汪凡，王家宏.体育旅游助力乡村振兴战略的价值及实现路径[J].体育文化导刊，2019（04）：12-17.

[28]任波，黄海燕.新时代体育产业助推乡村振兴的价值审视与实施路径[J].体育文化导刊，2020（02）：82-88.

[29]赵吉峰，曹莉.体育赋能乡村振兴的理论逻辑、现实困境与突破路径[J].体育科学，2023，43（05）：20-27.

[30]刘如，方倩倩.体育助推乡村振兴的理论逻辑、地方实践与推进思路[J].浙江体育科学，2022，44（01）：68-76.

[31]田凤琴，周结友，彭文杰.全民健身在乡村振兴建设中的功能探究[J].安徽体育科技，2020，41（04）：58-61.

[32]向艳梅，周结友.新时代全民健身在乡村振兴中的功能探究[J].浙江体育科学，2021，43（01）：28-33.

[33]王思贝，郑家鲲，陈丛刊.新时代全民健身与乡村振兴融合发展的价值审视、实践困境与路径选择[J].中国体育科技，2023，59（01）：3-12.

[34]许辰旭.体育助力乡村振兴背景下乡村全民健身公共服务体系的建设举措[J].文体用品与科技，2024（11）：28-30.

[35]房鑫.乡村振兴背景下凉山州彝家新寨全民健身发展现状与对策研究[D].成都：成都体育学院，2024.

[36]王思贝.新时代全民健身与乡村振兴融合发展路径研究[D].成都：西南财经大学，2024.

[37]盛昌繁，孙贵英.健康中国背景下山东省农村全民健身现状调查分析[J].临沂大学学报，2022，44（04）：55-64.

[38]龙杰.湖南省农民体育健身工程实施的现状及优化策略[D].长沙：湖南师范大学，2017.

[39]马楠.黑龙江省农民体育健身工程建设有效性研究[D].哈尔滨：哈尔滨工程大学，2013.

[40]郇昌店，肖伟，郭修金.农民体育健身工程的运行逻辑、项目不足与完善思路[J].天津体育学院学报，2015，30（01）：23-28.

[41]何茂.广西农村体育健身服务体系建设的研究[D].桂林：广西师范大学，2007.

[42]向艳梅.乡村振兴战略背景下全民健身公共服务体系优化研究[D].广州：广州体育学院，2022.

[43]杨羿帆.乡村振兴战略背景下韶山市农村全民健身活动开展现状及其对策研究[D].吉首：吉首大学，2023.

[44]张莹，邹青海，田冲.强师背景下体育教育助力振兴乡村基础教育的时代机遇、现实困囿与实践路径研究[J].武术研究，2023，8（08）：148-151+156.

[45]熊少波，翟一军，孙晓.学校体育教育对农民体育意识的影响探析[J].吉林体育学院学报，2010，26（01）：7-9.

[46]宋杰，耿琳.体育文化教育视角下的农村体育发展思考[J].山东理工大学学报（社会科学版），2022，38（04）：104-112.

[47]宋元吉.刍议农村体育文化与校园体育教育[J].文化产业，2021（20）：89-90.

[48]刘金丹，赵永恒，马驰.乡村学校体育教育发展路向问题研究[J].当代体育科技，2023，13（23）：172-175.

[49]杨苏杭，刘转青，贺启令.在地化教育视域下乡土文化与乡村学校体育融合发展探究[J].体育科技文献通报，2024，32（04）：181-184.

[50]翁优.乡村振兴战略下信息赋能农村学校体育教育高质量发展省思[J].辽宁体育科技，2023，45（06）：108-112.

[51]熊少波，李泽群.高等体育教育服务农村体育发展的研究[J].高等农业教育，2008（09）：24-26+62.

[52]陈玲.农村体育发展中高等体育教育的作用[J].体育世界（学术版），2016（07）：124-125.

[53]熊少波.高等体育教育服务农村体育发展研究[D].长沙：湖南农业大学，2009.

[54]刘杰，王鹏.浅析农民体育健身意识的培养——在社会主义新农村

建设过程中[J].体育科技文献通报，2007（01）：38-40.

[55]杨正学."村超"出圈与中国式乡村振兴探索[J].当代贵州，2024（18）：67-68.

[56]布鲁斯.从爆火的"村超"，看到乡村振兴的另一种可能[J].记者观察，2023（22）：50-53.

[57]陆勇慧，徐长红.基于贵州"村BA"群众体育赛事助力乡村振兴的经验启示[C]//中国智慧工程研究会，中国班迪协会，广东省体能协会.第十届中国体能训练科学大会论文集（中）.[出版者不详]，2023：5.

[58]张杰.我国乡村体育赛事助力乡村振兴的发展路径——以贵州"村BA"为例[J].体育视野，2024（01）：14-16.

[59]邓梦楠，李书娟.乡村体育产业高质量发展赋能乡村振兴思考[J].体育文化导刊，2023（10）：27-34.

[60]董理.体育强国视域下农村休闲健身产业的困境与破局分析[C]//中国体育科学学会.第十二届全国体育科学大会论文摘要汇编——墙报交流（体育产业分会）.山东省德州市陵城区第七中学，2022：3.

[61]秦文明，王厚民.基于SWOT分析新农村休闲健身产业[J].安徽农业科学，2012，40（10）：6024-6026.

[62]吴家发.乡村振兴战略下民俗体育活动与旅游业的有机融合研究[J].佳木斯职业学院学报，2024，40（04）：85-87.

[63]王艳琼，张亚文，张小林.我国乡村体育旅游业数字化发展机遇、挑战与路径[J].体育文化导刊，2023（08）：80-86.

[64]方毅，钱宝山，马兴.体育旅游业助力乡村振兴的价值及实施路径[J].山西农经，2024（05）：130-132.

[65]郭祖祺，许弟群.乡村振兴背景下福建省体育特色小镇产业集群高质量发展研究[J].佳木斯大学社会科学学报，2024，42（02）：49-51+63.

[66]司景梅.乡村振兴视域下我国运动休闲特色小镇体育产业集群发展研究[J].西安体育学院学报，2021，38（06）：713-718.

[67]葛慧，周鑫鑫，吴香芝.体医融合视角下我国体育康养产业发展模式提炼与发展路径研究[J].湖北科技学院学报，2024，44（01）：98-106.

[68]邓力川，董吉虎，胡丽敏.乡村振兴战略下体育康养产业发展研究

[J].文体用品与科技，2024（05）：81-83.

[69]杨桦.乡村振兴中农村体育发展的机遇、问题与策略[J].成都体育学院学报，2022，48（05）：8-14.

[70]蒋晖，陈德旭.新时代中国农村体育发展的战略定位及转型向度[J].体育学研究，2021，35（06）：84-90.

[71]刘波军.乡村振兴战略下发展农村体育经济的价值、困境与优化路径[J].农业经济，2021，11（07）：110-112.

[72]郁彦妮.乡村振兴战略下农村体育发展的路径研究[J].浙江体育科学，2021，43（03）：40-44.

[73]钟亿群.湖南小城镇建设与农村社区体育组织管理研究[J].体育成人教育学刊，2011，27（01）：53-54.

[74]后红玉.乡村振兴战略背景下定西市体育精准扶贫路径研究[D].兰州：兰州理工大学，2020.

[75]谭静.新发展理念下我国乡村体育高质量发展方向与途径分析[J].山西农经，2021（16）：174-175.

[76]王石峰，夏江涛.体育旅游助力乡村振兴的逻辑理路、模式选择与推进思路[J].体育文化导刊，2022，245（11）：8-14.

[77]钟丽萍，刘建武.发展体育旅游助力乡村振兴——基于酒埠江旅游风景区的个案分析[J].湖北体育科技，2019，38（06）：502-505.

[78]吕品.体育促进南阳市乡村振兴的路径及策略研究[J].文体用品与科技，2020（02）：29-30.

[79]李逸飞，周结友.全民健身在乡村振兴中的功能及途径探究[J].福建体育科技，2020，39（05）：6-8+13.

[80]Verzilin D., Rosenko S., Volkov P., &Enchenko, Grounding Informative Indicators Of Advance In Physical Education And Mass Sports.In N.I.Almazova, A.V.Rubtsova, &D.S. Bylieva（Eds.）, Professional Culture of the Specialist of the Future, vol 73.European Proceedings of Social and Behavioural Sciences（pp.870-880）[J/OL].Future Academy. https：//doi.org/10.15405/epsbs，2019（12）：91.

[81]Skille, E.A.Analysis of the Implementation of Central Sport Policy

through Local and Voluntary Sport Organizations[J].International Review for the Sociology of Sport, 2008, 43 (02): 181-200.

[82]Eivind A, Skille.State Sport Policy and Voluntary Sport Clubs: the Case of the Norwegian Sports City Program as Social Policy[J].European Sport Management Quarterly, 2009, 9 (01): 63-79.

[83]Leonor Gallardo, Pablo Burillo, Marta Garcia-Tascon, et al. The Ranking of the Regions With Regard to Their Sports Facilities to Improve Their Planning in Sport: The Case of Spain[J].Social Indicators Research, 2009, 12 (04): 297-317.

[84]YUE Jianjun.Research and enlightenment of the National Physical Activity Program in the United States[J].Chinese Sports Science and Technology, 2015 (02): 126-134.

[85]Forkuor D, Korah A.NGOs and sustainable rural development: experience from Upper West Region of Ghana[J].Environment, Development and Sustainability, 2022, 25 (01): 1-24.

[86]Olmedo L, O'Shaughnessy M.A Substantive View of Social Enterprises as Neo-endogenous Rural Development Actors[J].VOLUNTAS: International Journal of Voluntary and Nonprofit Organizations, 2022, 34 (02): 1-13.

[87]Eugenio C, Francisco N, Antonio J C, et al.The Third Sector: The "Other" Actors of Rural Development, Andalusia 2000–2015[J].Sustainability, 2021, 13 (24): 13976.

[88]Sergei Shubin.The changing nature of rurality and rural studies in Russia[J].Journal of Rural Studies, 2006, 22 (04): 422-440.

[89]De Janvry A, Sadoulet E, Murgai R.Rural development and rural policy[J].Handbook of agricultural economics, 2002 (02): 1593-1658.

[90]Nemes G.Integrated rural development-the concept and its operation[R]. IEHAS Discussion Papers, 2005.